MAGICKA VISUAL
JAN FRIES

1ª Reimpressão

Título Original: Visual Magick: A manual of freestyle shamanism

Capa: Estúdio Miopia

Tradução: Vinicius Ferreira

Edição: Vinicius Ferreira

Projeto Gráfico e Diagramação: Isabella Giordano (giordano.bella@gmail.com)

CIP – BRASIL. CATALOGAÇÃO NA PUBLICAÇÃO

BIBLIOTECÁRIO RESPONSÁVEL: Lucas Rafael Pessota CRB-8/9632

F912m Fries, Jan
Mágicka visual : um manual de xamanismo freestyle / Jan Fries ; tradução Vinicius Ferreira. - São Paulo : Penumbra, 2018.
240 p. : il.

Título original: Visual Magick: A Manual of Freestyle Shamanism.
ISBN 978-85-69871-16-3

1. Magia 2. Ocultismo 3. Xamanismo 4. Esoterismo I. Ferreira, Vinicius, trad. II. Título.

CDD 133.43

Índice para catálogo sistemático:

1. Filosofia : Ocultismo 133

Primeira Edição
Penumbra Livros, São Paulo, 2018
www.penumbralivros.com.br

JAN FRIES

MÁGICKA VISUAL

Um manual de xamanismo *freestyle*

Primeira Edição
São Paulo
Penumbra Livros, 2018

PREFÁCIO

Eu fiquei surpreso e extremamente lisonjeado quando me pediram para escrever este prefácio. Eu mal conhecia Jan, embora minha esposa (Nema) já viesse se correspondendo com ele havia alguns anos. Mas nos três dias desde que o conheci pessoalmente, encontrei nele aspectos, tanto profissionais quanto particulares, que vi em poucas pessoas. Eu gostaria de pensar que ele viu o mesmo em mim. Ele é meu irmão.

Eu não estava certo sobre o que dizer a princípio. Eu gostaria de compartilhar com os leitores o espírito selvagem, liberto, que pulava e dançava em nosso *tour* pela Inglaterra. Mas decidi que isso seria impossível.

Posso dizer que Jan representa, para mim, um exemplo de magista moderno, um magista que conquistaria a simpatia de Aleister Crowley, se ele estivesse vivo hoje em dia. Pois Jan está fazendo pesquisas originais, explorando novos caminho, não satisfeito em repetir o trabalho de gerações passadas. E o mais importante, ele está comunicando os resultados de seu trabalho de uma forma muito interessante e fácil de ler.

Este livro é importante por diversos motivos. Primeiramente, ele é Pan-Aeônico. Quero dizer, ele bebe de diversas fontes, usando uma série de fórmulas Aeônicas (veja o *Cincinnati Journal*,[1] número sete, para conhecer mais sobre mágicka Pan-Aeônica). A principal

1. N.T.: *The Cincinnati Journal of Ceremonial Magick*, I (7).

ênfase de Jan está nas técnicas xamânicas mais ancestrais da Europa paleolítica. A diferença entre este livro e outros textos xamânicos é que Jan não se atém exclusivamente aos ensinamentos tradicionais. Ele inclui técnicas de Crowley e até de autores mais modernos. Ele também analisa a Mágicka de acordo com os termos dos modelos psicológicos mais recentes.

Em segundo lugar, nada é (excessivamente) sagrado para Jan. Ele manteve uma capacidade de rir que, em muitos magistas, já havia se desintegrado quando chegaram a seu nível de consciência. A atitude irreverente que Jan adota, até mesmo em seus escritos, faz com que ler este livro seja um verdadeiro deleite.

Terceiro, Jan tem uma atitude cética. Ele não se considera a autoridade final sobre nada. Ele desafia o leitor a encontrar métodos novos e melhores do que ele jamais imaginou. Se você prefere praticar exercícios habituais, como os ensinados por mestres perfeitos, encontre outro livro.

Por último, e possivelmente mais importante, Jan insta você a explorar o seu corpo (e *com* o seu corpo). Já há muitos magistas de poltrona, que leem e analisam, ou que se sentam para meditar ou exercitar sua vidência. A Mágicka de Jan é o tipo ativo de mágicka, que envolve balançar os braços, rodopiar, subir em árvores. Se você não gosta de perder o fôlego, fica a recomendação para que você busque outros textos.

Agora o leitor foi avisado sobre o livro, e cabe a ele julgar por conta própria se ele vale o seu tempo e dinheiro. Me resta esperar que sim.

Mike Ingalls

Eu gostaria de agradecer pela ajuda de Custor e Mouse na preparação deste manuscrito para publicação.

GANESHA, QUEBRADOR DE OBSTÁCULOS

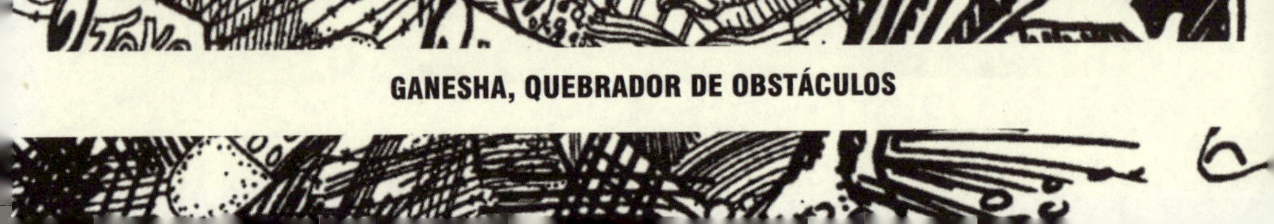

CAPÍTULO UM
A SEMENTE

Uma semente é uma unidade de consciência que tem corpo, carga e inteligência, e costuma se desenvolver a partir de potencial, nas circunstâncias adequadas. Sementes são criadas, transmitidas e aterradas para obter mudança – mudança no mundo, na vida ou na identidade de alguém.

Sementes podem ter muitas formas, de acordo com a vontade e natureza do magista. Elas podem ser visuais, como sigilos; ou acústicas, como melodias, canções de Caos ou mantras; elas podem ser físicas, como os objetos fortuitos que encontramos à solta em jornadas xamânicas; ou podem encontrar sua forma na dança, nos gestos, em rituais ou na experiência de eventos. Neste livro, trataremos do desenvolvimento de sementes na linguagem da mágicka de sigilos. Considere que sigilos são apenas uma variedade de semente, e que os princípios básicos podem ser facilmente aplicados a algum outro meio.

Como o sigilo é feito?

Primeiramente, precisamos considerar o que queremos. Nesta etapa, nem sempre é fácil determinar se o desejo é um aspecto da verdadeira vontade ou se ele expressa alguma necessidade egoísta. No segundo caso, o sigilo não se realizará; no primeiro, ele irá se unir à força-corrente da vontade universal, e a manifestação será apenas uma questão de tempo. Basicamente, sigilos podem ser feitos para todo tipo de desejo.

> *Todo desejo, seja por prazer, conhecimento ou poder, que não consiga encontrar expressão "natural", pode se realizar a partir do subconsciente pelo uso de sigilos e de sua fórmula.*
>
> A. O. Spare, *The Book of Pleasure*[1]

Há diversos métodos de criação de sigilos; o mais antigo deles é provavelmente o método xamânico. Um xamã pode sair pela natureza para encontrar as ferramentas para um feitiço específico. Concentrando-se em sua meta e cantando canções de poder, ele viajará em um estado de transe conforme os espíritos o conduzem, coletando todos os objetos que chamem sua atenção de uma forma especial. Alguns deles podem ser usados pelos seus significados simbólicos, enquanto outros não teriam sentido algum; isto é, para a mente racional.

Estes itens são então coletados, abençoados, reunidos e enterrados em um lugar especial. Exemplos de tais práticas vêm da Zelândia.[2] Em Maglehoj, foi desenterrado um vaso de bronze contendo os seguintes itens: dentes de cavalo, ossos de doninha, a garra de um lince, a espinha de uma serpente, a traqueia de um pássaro pequeno, diversas lascas de ossos, restos de um galho de sorva, seixos contendo enxofre, carvão e um pouco de bronze.

Em Lyngby, Zelândia, foi descoberto um saco de couro contendo um rabo de serpente, a garra de um falcão, uma concha do Mediterrâneo, uma ponta de flecha lascada, um pedaço de âmbar, pedras embrulhadas em uma bexiga e um pequeno saco de couro contendo a mandíbula de um esquilo.

---

1. N.T.: *O Livro do Prazer*.
2. N.T.: Atualmente parte da Dinamarca.

Ambas estas coleções são datadas do período entre 800 e 1.000 A.C. As tribos celtas tinham um costume similar. Elas costumavam cavar buracos fundos na terra e enchê-los com diversas camadas de terra, pedras, ossos, objetos ritualísticos, cadáveres, chifres de veados, oferendas, etc., até que não restasse nada do buraco original. As diversas camadas eram preenchidas de acordo com algum padrão regular, cujo significado só pode ser estimado nos dias de hoje.

O sigilo como instrumento visual pode ser rastreado até o período Paleolítico. Muitos sigilos complicados eram desenhados por nossos ancestrais da Idade da Pedra, sigilos que desafiam a interpretação, pois são abstratos demais para serem símbolos e complicados demais para serem letras.

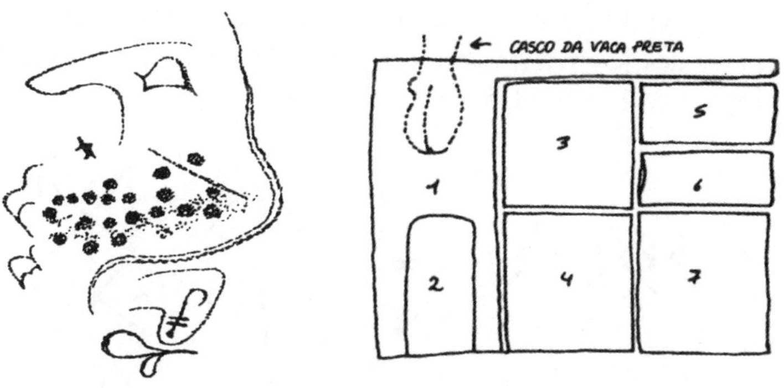

Esquerda: caverna de Peche-Merle, França. Sigilos em ocre vermelho no teto da caverna. Direita: caverna de Lascaux. Um dos curiosos quadrados coloridos abaixo dos cascos da "Vaca Preta". Até onde é possível deduzir a partir de três fotos, as cores são as seguintes: (1) Preto esverdeado; (2) Preto amarronzado; (3) Ocre vermelho intenso; (4) Ocre claro (areia/creme); (5) Areia escuro; (6) Cinza/preto; (7) Ocre vermelho escuro. As linhas entre os campos estão em giz branco. (Espero que você goste de enigmas.)

Sigilos medievais devem ser familiares, estando presentes em diversos grimórios. O desejo – neste caso, o nome de algum Espírito ou Inteligência – era escrito no alfabeto hebraico. Cada letra era

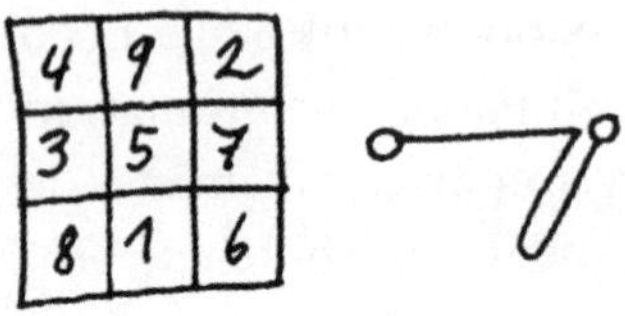

então transformada em um número, e a série completa de números era escrita como uma linha contínua em um dos Quadrados Mágicos. Detalhes sobre este método são dados em *How to Make and Use Talismans*,[3] de Israel Regardie, ou em seu monumental *Golden Dawn System of Magick*.[4]

Exemplo: o sigilo de Zazel, o Espírito de Saturno, é escrito no quadrado de Saturno (3x3). Soletra-se Zazel como Z (7), A (1), Z (7), E (5), L (30). O 30 é modificado para 3, pois o quadrado é pequeno demais para o número inteiro.

Magistas que lidavam com runas tinham seus próprios métodos de sigilização. Um deles é chamado de "Binderunen", e funciona de forma muito similar ao método de Austin Spare. Eles escreviam seu desejo em runas, e as combinavam em um único glifo. Por exemplo, "Wodan" pode ser escrito como:

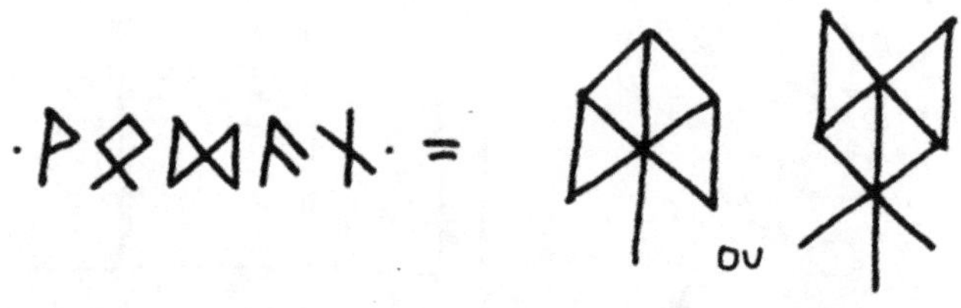

Outro método usa os três "Aettir" ("Família" ou "Oito") em que se dividem os alfabetos rúnicos.

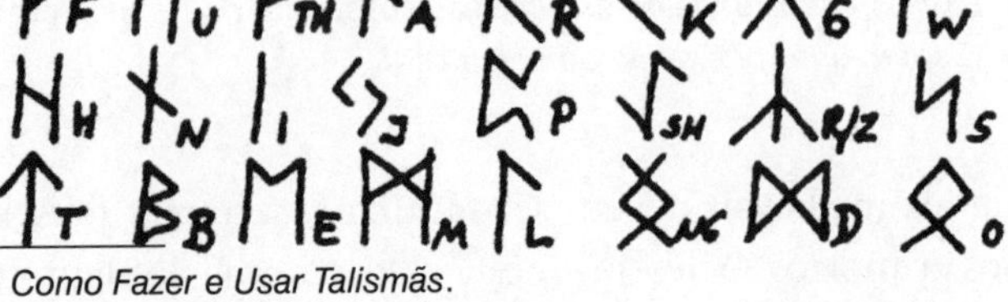

3. N.T.: *Como Fazer e Usar Talismãs*.
4. N.T.: *O Sistema Mágicko da Golden Dawn*.

A posição de cada Runa determina o código.

ᚠ é a 1ª do 1º Aettir,

ᛦ a 7ª do 2º,

ᛞ a 4ª do 3º, etc.

Se, por exemplo, você quiser escrever ᚲ, você pode codificá-lo como ·ı ||||||·, ou seja, primeiro Aettir (a runa pequena), sexta letra. Ou ·ᛋᛉᛉᛉᛉᛉ·. Outro código usava a forma do abeto:

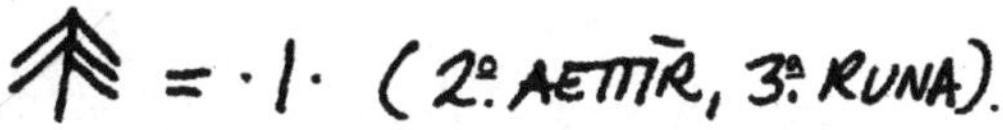

Havia vários outros códigos baseados neste método, como o código do peixe, o código do rosto, e diversas outras variações:

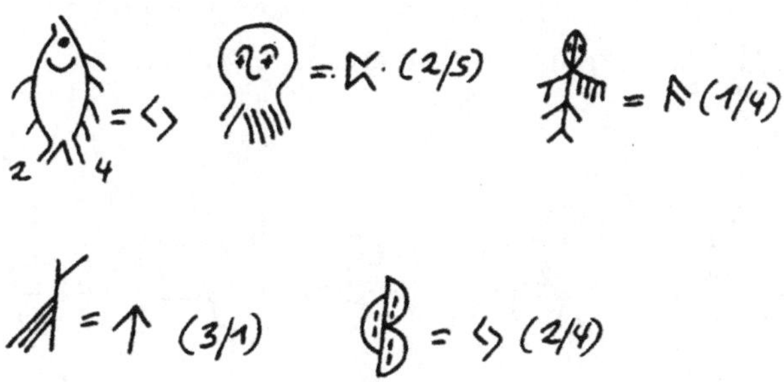

Em alguns casos, uma palavra inteira podia ser representada no formato de uma roda. Este exemplo escreveria ᛁᛞᚢᚾ – IDUN (mais sobre mágicka com runas em meu livro *Helrunar*).

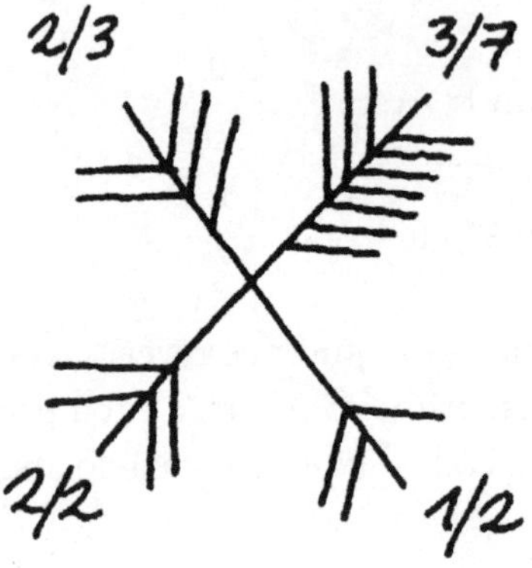

A nova área da mágicka de sigilos começou com a popularização do método de Austin Spare. Este sistema é bastante simples e adequado para todo tipo de objetivo. Começamos escrevendo nosso desejo em uma forma clara e concisa, como uma frase ou, melhor ainda, uma única palavra. Se desejarmos "resistência" (*endurance*), por exemplo, a primeira coisa seria se livrar de todas as letras repetidas. Isso nos deixa "ENDURAC".[5] Essas letras podem então ser combinadas para formar um glifo agradável, como:

Você pode simplificar ou elaborar a estrutura como preferir. Este sistema pode ser refinado pelo uso de um alfabeto mágico. Peça à sua "mente profunda" por um sistema de escrita que seja

5. N.T.: Em português, restariam as letras RESITNCA.

adequado a você, e então combine as letras e forme a partir delas um glifo conveniente.

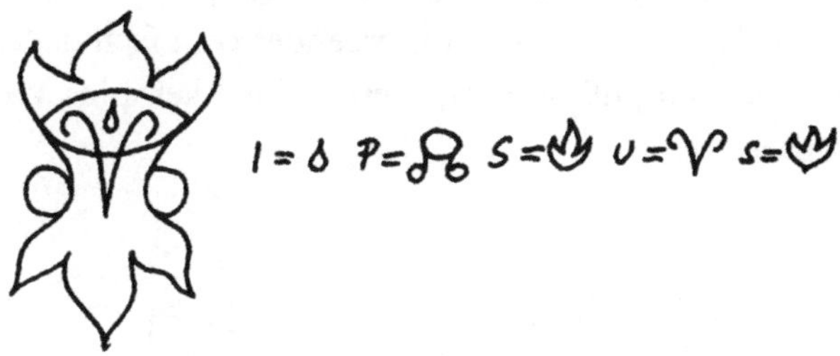

Um método único é sugerido por Frater Custor em sua revista *Phoenix Rising*[6] (Vol. I, nº 2). Aqui, o desejo é vividamente imaginado, até que o magista se sinta inflamado por ele. Então, enquanto se foca no desejo, o magista começa a cobrir uma folha de papel com desenhos selvagens, espontâneos ("automáticos"). Detalhes sobre este tipo de arte são dados em um capítulo posterior. Quando tiver coberto o papel, feche seus olhos e concentre-se fortemente em seu desejo. Relaxe.

> *Somente quando estiver completamente relaxado, e não antes disso, pegue o papel e olhe diretamente para o que foi desenhado. A primeira parte do papel que chamar a atenção deve ser circulada, e todo o restante do desenho obliterado. Pegue uma folha de papel em branco e reproduza a parte circulada do papel original na parte de cima dessa nova folha. Então, repita todo o processo.*

O procedimento é repetido várias e várias vezes, até que se chegue a um sigilo que intuitivamente pareça certo. O processo de desenvolver um sigilo adequado já é parte do trabalho, então não

6. N.T.: *Fênix Ascendente*.

seja preguiçoso; continue, mesmo que demande diversas dúzias de folhas de papel. Com prática, é possível familiarizar-se com uma certa estética característica dos sigilos. A vantagem deste sistema está no fato de que se pede à "mente profunda" por um glifo em uma "linguagem" que ela consiga compreender com facilidade. O resultado pode ser simplificado. Aqui estão dois exemplos. (O objetivo me escapa.)

Há uma curiosa similaridade entre os sigilos produzidos pelo método mencionado acima e os sigilos usados pelo Taoísmo da mão esquerda para evocar os seis Espíritos Chia. O sigilo apresentado aqui é usado para evocar o Espírito Chia-Tzu chamado Huang-Chen. O sigilo é desenhado com o pincel sobre papel – este tipo de traçado é bastante difícil com um pincel – e com a espada no ar. Todos os Espíritos Chia correspondem a chakras, e são seus reflexos Qliphóticos ou negativos. Detalhes sobre este sistema de Mágicka podem ser encontrados em *The Teachings of Taoist Master Chuang*,[7] de Michael Saso.

Outro método de criação de sigilos consiste em escrever o desejo em uma linha contínua, mas não da forma linear convencional. Forme as letras como elas vierem, umas por cima das outras, ou apontando para qualquer lado, como for o caso. Este exemplo

7. N.T.: *Os Ensinamentos do Mestre Taoísta Chuang*.

é "Poder".[8] Apenas preencha o centro da forma, e o resultado será uma coisa amorfa, indecifrável.

Há um tipo de sigilos que também deve ser mencionado. Até agora, tratamos de sigilos criados conscientemente, com algum propósito específico. Alguns sigilos, no entanto, não são criados, e sim recebidos.

Este é o caso quando você encontra um espírito, deus ou entidade astral e pede a ele por um sigilo adequado para descrevê-lo e evocá-lo. Estes sigilos são frequentemente incompreensíveis para nossa mente desperta. Nós os recebemos ou os trazemos para nosso reino de realidade manifesta para que a entidade de onde eles vieram tenha um acesso mais fácil a este plano. De certa forma, estes sigilos tornam-se o aspecto manifesto de uma inteligência imanifesta; eles criam uma conexão entre os planos e permitem uma circulação mais fácil de energia. Exemplos deste tipo de sigilo incluem aqueles apresentados por Kenneth Grant em seu *Nightside of Eden*,[9] ou nos meus próprios desenhos.

Deve-se observar que embora a senciência por trás dos sigilos pareça ser independente, sua estética é normalmente ajustada à personalidade de quem os recebe. O melhor tipo contém uma mistura de estruturas conhecidas e desconhecidas, meio revelados, meio escondidos.

8. N.T.: *Power*.

9. N.T.: *O Lado Noturno do Éden*.

Todos estes sistemas têm uma única ideia em comum: o sigilo não deve lembrar você do desejo original.

O motivo para isso é simples. A identidade, o aspecto do *self* do qual você é consciente, é uma criatura com muitos desejos e muitos medos. O ego é uma aglomeração de hábitos e crenças, muitos dos quais estão em conflito uns com os outros.

Se você deseja uma coisa, você precisa reconhecer que esse desejo não é compartilhado por todos os aspectos da sua identidade, e que muitas das suas personalidades tendem a discordar. Se você deseja dinheiro, por exemplo, partes de sua mente estarão ansiosas por realização, enquanto outras expressarão objeções ou tentarão controlar a operação.

Isso não é só "eu quero dinheiro", pura e simplesmente; está mais para "eu mais ou menos quero dinheiro sob tais e tais condições".

"Eu não iria querer que esse dinheiro viesse para mim por meio do sofrimento dos outros" – esse é nosso *self* ético falando. "Na verdade, eu não preciso de tanto" – aqui é o nosso *self* humilde e modesto. "Quanto mais melhor" vem da nossa natureza gananciosa. "Eu quero trabalhar por ele" – nosso *self* obediente falando. "Se eu receber esse dinheiro, prometo usá-lo para fazer o bem" – nossa identidade idealista. "Não vai funcionar, de qualquer maneira" – nossa natureza cínica. "Não se engane" – o cético. "Vou suspender meu julgamento" – o cientista interno. "Não me importo de onde ele virá, desde que seja o suficiente!" – nossa identidade amoral. "O dinheiro é maligno" – nossa natureza pia, espiritual. "Dinheiro é necessário!" – nossa natureza realista. "É bom!" – nossa identidade materialista.

E esse é só o começo. E quanto à forma como o desejo se realiza? Ou as possibilidades que surgem dele? O que nós considerávamos uma única entidade – nossa própria identidade – se revela como um emaranhado de personalidades em contenda, cada uma delas tentando desesperadamente controlar a situação e dominar o resto. Você acha que "dinheiro" é uma noção difícil? Pense um pouco sobre desejos como poder mágico, amor e afeto, ou mudanças de identidade, para ver o que é problemático de verdade.

Raramente nós temos uma única opinião. Há tanto conflito e confusão dentro de nós que raramente podemos esperar ações claras, objetivos contínuos ou até mesmo cooperação interna, a não ser que uma necessidade mais forte (sobrevivência, instinto ou verdadeira vontade) domine. É por isso que usamos sigilos.

O sigilo tem uma forma neutra. Nós podemos fazer nossa mágicka com ele sem precisar considerar os 333 prós e contras, sem falar nos direitos de veto. Podemos nos focar em sua forma como ela é, ignorar seu sentido original, e esquecer das dúvidas, inibições, medos, esperanças, desejos, carências, necessidades, condições de realização, e todas as outras complicações.

O sigilo é abstrato para evitar conflito ou interferência por parte do ego. Ele é lançado nas profundezas, no reino da verdadeira vontade e do puro instinto, e estes aspectos do "*self* interior" determinam como e quando a manifestação ocorre.

O feiticeiro que trabalha com sigilos não precisa se preocupar com a questão "este desejo é intencional?". Temos que aceitar o fato de que nem sempre conhecemos a natureza da vontade, ou aquilo que a move. De certa forma, mágicka de sigilos é uma forma de retorno ou retroalimentação: o desejo emerge das profundezas, é reconhecido, sigilizado, lançado de volta às profundezas e, por essa atuação, vem a se realizar.

Durante o ato da transmissão, devemos evitar pensar no desejo original. Spare recomendava a criação de diversos sigilos. Depois de sigilizar diversos desejos, pode-se pegar um deles no momento que for adequado e trabalhar com ele. Pode acontecer que você tenha se esquecido da intenção de cada sigilo – este é o estado ideal – mas pelo menos você pode fingir que esqueceu, caso a memória surja espontaneamente. Finja que você não sabe para que ele serve: isso produzirá a atitude necessária de "indiferença amigável" (Spare a chamava de "união através da ausência da mente") que não dá aos seus *selves*/ego nenhuma causa para protestar ou brigar entre si. Todas as noções de ansiedade, necessidade, medo, esperança, carência, lascívia, etc., são venenos para o ato da transmissão, pois associam o sigilo com emoções que inibem sua passagem livre para as profundezas.

Nos exemplos dados no *Book of Pleasure* de Spare, ele formula seus desejos em longas frases: "Este meu desejo de obter a força de um tigre", por exemplo. Eu acho isso desnecessariamente complicado. A parte do "meu desejo" pode ser chutada para fora – se não fosse meu desejo, eu não estaria sigilizando. O mesmo vale para "Este", e para "obter". Se resumirmos tudo a "força de tigre", teremos um sigilo mais simples, contendo menos material desperdiçado.

Você contaria a uma agulha de acupuntura o que ela precisa fazer? Se você estimular o ponto certo com a intensidade adequada, seu subconsciente despertará e corrigirá a situação, restaurando o equilíbrio. É claro que não parece tão seguro visualizar "dinheiro" em vez de "eu desejo dinheiro". Será que o subconsciente pode interpretar mal as nossas intenções? Se o sigilo toca o aspecto "dinheiro" do nosso ser, a verdadeira vontade certamente saberá se é preciso somar ou diminuir. Neste sentido, a mágicka de sigilos é baseada em confiança. Os resultados podem parecer imprevisíveis – porém, estarão errados? Um sigilo não é uma ordem, é um pedido: estamos lidando com inteligência.

O corpo do sigilo é outro tema importante. A mensagem pode ser mais facilmente transmitida se a estética estiver correta. Os taoístas chineses, por exemplo, escrevem seus sigilos em tinta vermelha sobre papel amarelo. O papel pode receber o selo do lacre sagrado; metade da folha pode ser queimada, enquanto a outra metade é guardada.

O uso de papel colorido e tintas coloridas é recomendável, caso você tenha alguma experiência direta com cores e com seus significados para você. É inútil "pesquisá-las" em algum livro – o conhecimento precisa vir da vida. Então, a forma do papel oferece variações. Um círculo enfatizaria o aspecto redondo da semente; um quadrado, a solidez da matéria; um triângulo expressa força.

Tudo depende da natureza do desejo. Papel não é o único material que pode ser usado como "corpo" para sua semente.

Quando pretendem obter resultados materiais, alguns magistas preferem usar um pentáculo de barro, sendo a terra um símbolo do corpo, da carne, da realidade. Materiais resistentes – pedra, metal, osso – sugerem efeitos duradouros. Osso é muito bom para assuntos que tocam nos âmagos de nossos seres, dependendo das associações que possa vir a gerar. Se sugerir "idade" ou "essência", você vai se dar bem, mas caso sugira "morte e danação", você precisa trabalhar um pouco em si mesmo antes de conseguir aproveitar este material.

Madeira é boa para coisas que crescem. Os magistas rúnicos costumavam gravar seus símbolos superficialmente na madeira, e então esfregavam um pouco de cinzas ou sangue sobre a inscrição para deixá-la mais fácil de ver. Se você usar seu próprio sangue, isso certamente sugerirá sinceridade e determinação.

Os metais podem ser usados de acordo com atribuições planetárias.

Alguns sigilos só são operados na imaginação. Os textos da antiga Fraternitas Saturni incluíam diversos sigilos bastante complicados, que eram imaginados em claras linhas vermelhas sobre o disco da lua cheia. Se você trabalha no astral e acha muito grande o esforço de manter uma visualização clara do seu sigilo, por que não o colocar na forma de uma semente, um baú do tesouro, um cálice, ou algum outro recipiente, e trabalhar sua vontade com isso?

Às vezes, um corpo temporário é recomendável. Se você deseja coisas relacionadas a mágicka de sonhos, você pode desenhar seu sigilo em papel, dobrá-lo em um barquinho de papel e colocá-lo para navegar em um rio, córrego ou lago. A água destrói o corpo e recebe a ideia. Você pode desenhar o sigilo em cores terrosas sobre sua pele e dançar até seu suor ter lavado tudo, ou moldar sua forma em frutinhas, comida para os pássaros. Você poderia desenhá-lo na terra com um graveto e deixá-lo para a chuva, ou entregá-lo, desenhado em papel, ao fogo. Você pode até mesmo ingeri-lo. Tinta pode ser lavada e bebida com água (use materiais atóxicos), e alguns sigilos podem ser desenhados ou confeitados em bolos ou pães. Como Nema diz, "comer é um bom aterramento".

Há tantas maneiras – crie algumas novas!

CAPÍTULO DOIS
O RITUAL

Criamos a nossa semente, e agora estamos nos preparando para plantá-la em um solo adequado. Com esta finalidade, podemos considerar o sigilo como uma cápsula de mensagem, uma unidade de forma, energia e consciência que pode sinalizar nossos desejos para as camadas mais profundas da mente. Olhando por um certo ângulo, o sigilo é uma mensagem; por outro, é uma entidade viva, da mesma forma que uma semente é uma planta em potencial. Um terceiro modelo consideraria o sigilo como um portal, um canal até uma zona de poder relacionada. O sigilo é tudo isso, e mais.

O sigilo precisa ser comunicado. Primeiramente, precisamos nos familiarizar com a forma. Isso significa conhecê-lo bem o bastante para desenhá-lo de memória. Esse é um dos motivos pelos quais sigilos devem ser simples e descomplicados. Alguns autores insistem que o sigilo seja tão familiar que seja possível manter sua imagem clara na imaginação por longos períodos. Pela minha experiência, isso não é necessário. Familiaridade geralmente basta – afinal, nós damos à sua aparência uma forma física, e assim podemos usar nossos olhos e trabalhar com ela. Imaginação clara e contínua só é necessária quando trabalhamos no astral ou com os olhos fechados – e, para estes propósitos, sigilos simples são bastante adequados. Quando você tiver criado uma boa quantidade de sigilos, você saberá quais usar no físico e quais no astral.

Agora queremos transmitir a forma de nosso sigilo para os mais profundos reinos da mente, reinos que funcionam com leis diferentes das regiões superficiais. Como abrimos os portões para as profundezas? Austin Spare enfatizava o uso da vacuidade e da exaustão para este propósito. Sob certas condições de consciência, a armadura do nosso hábito e da nossa autoconfiança criam fendas, rachaduras e buracos, através dos quais o desconhecido pode ser alcançado. Precisamos exaurir ou suspender nossa identidade consciente.

Há diversas estratégias para esse propósito. Exaustão física é muito útil. Boas práticas incluem longas caminhadas na natureza, dança, canto, sexo, prática de artes marciais, etc. – qualquer coisa que faça você esquecer sua personalidade civilizada, faça você suar bastante e aumente sua consciência corporal.

A identidade também pode ser suspensa/exaurida/dissolvida por meio de crises. Decepção, dor, dúvida, morbidez e doença, todos tendem a criar buracos na trama de sua personalidade, tirar o significado da necessidade e dissolver as restrições adquiridas por meio de crença estagnante. De certa maneira, a crise pode ser considerada como uma chance de se livrar do inútil e de ver um novo uno. Assim, um período de dúvidas e problemas pode ser uma excelente ocasião para tocar os aspectos mais profundos do seu ser. Mas não importa o quão útil uma crise possa ser na ocasião, não precisamos evocá-las deliberadamente. Embora a crise seja uma das ferramentas mais úteis para dissolver crenças estagnantes (identidade), não precisamos depender dela. Acima de tudo, não devemos presumir que "mais crises são sinônimo de mais inspirações frescas". Nós não precisamos nos dilacerar para produzir uma fenda por onde nosso sigilo consiga passar. Crises não devem ser buscadas nem evitadas – o que nós precisamos é de simples honestidade.

Para fazermos mágicka de sigilos, precisamos de uma fenda, um espaço vazio pelo qual o sigilo possa ser transmitido sem interferência do ego. A crise pode produzir essa fenda – mas há muitas outras maneiras. De quanto esforço você precisa para se abrir, para ficar vazio e oco?

Há inúmeros equívocos a respeito deste tema. O mais importante é a força e a persistência do seu ego. A pessoa com um ego grande precisará de um esforço muito maior para conseguir vacuidade do que uma pessoa que vive na borda da realidade e tenta evitar autoimportância e armadilhas similares. Muitos magistas precisam de esforços maiores – semanas de jejum, juramentos sagrados, disciplinas especiais, longos retiros, materiais caros, fórmulas secretas, abstinência sexual, invocações formidáveis, rituais complicados e tudo mais – para conseguir resultados que ocorrem quase espontaneamente com magistas que se levam menos a sério. Esforços maiores não significam resultados melhores. O magista que aparenta bênçãos divinas, sabedoria profunda, autoridade sagrada e iluminação exaltada normalmente é praticamente incapaz de rir de si mesmo, e precisa dessas medidas drásticas para conseguir resultados.

O ego também pode ser suspenso por meio de júbilo – prazer intenso, amor e satisfação esvaziam facilmente a mente e abrem os portões para as profundezas.

Drogas são difíceis. Elas podem abrir você, mas a não ser que você esteja bem acostumado a elas e tenha tomado a quantidade exata, elas atrapalharão a concentração, distorcendo a transmissão.

Outras ocasiões em que você está "aberto" são as fases "alfa", períodos semidespertos ou hipnose leve – aqui, podem ser usados sigilos simples de imaginar –, ou o estranho estado chamado "Tempo Mágico". O "Tempo Mágico" não pode ser ocasionado por esforços: ele chega por conta própria, e de uma forma diferente para cada um. É um estado de funcionamento não racional, um sonho lúcido com os olhos e a mente aberta, durante o qual o tempo parece parar e a consciência abraça o ambiente com uma lucidez intensa. Devotos modernos da antiga deusa egípcia Maat chamam este evento de "o vórtice"; os psicólogos dizem que nele a consciência é adquirida por áreas do cérebro sobre as quais não estamos normalmente cientes.

Todos estes estados suspendem o ego e são adequados para a mágicka de sigilos.

Quando alcançamos um certo nível de vacuidade, podemos transmitir o sigilo. A fórmula básica é bastante simples: esvazie-se; faça contato com as profundezas; abrace o sigilo; permita que ele submerja; feche a fenda, e depois esqueça.

Alguns magistas parecem confundir a etapa de "abertura" com o ato da transmissão. Crises, exaustão, sexualidade intensa, etc., todos tendem a libertar energia; essa energia, creem eles, deve ser carregada no sigilo para torná-lo dinâmico e forte. Essa é uma noção comum, e também enganosa (permita-me acrescentar que eu mesmo passei um bom tempo acreditando nesse tipo de bobagem). Este método usa a dissolução ou a crise, seja agradável ou dolorosa, para criar uma corrente para preencher o desejo com força. Normalmente ele anda de mãos dadas com a noção de que "mais força significa resultados melhores". Se o sigilo fracassar em se realizar, eles tentam aumentar a força. Isso significa que são necessárias mais crises, ou uma ritualística mais pesada, mais exaustão ou um "orgasmo mais forte" – e isso não importa. O resultado normal é câimbra e frustração (mais sobre isso e problemas similares no próximo capítulo). Como Spare observou: "não há necessidade de crucifixão".

Como transmitir o sigilo?

Abrimos nossas mentes e permitimos que a forma preencha toda a nossa consciência. Este não é o tipo de concentração que demanda força e esforço; nas condições apropriadas, a consciência se adequa naturalmente à forma, se alimenta dela, a alimenta, a imbui de senciência e vida. Sentimo-nos quietos e muito conscientes. Podemos precisar de esforço para abrir os portões: não deve haver esforço algum durante a transmissão. Devemos estar vazios para receber.

Acima de tudo, não devemos nos preocupar com noções de dor ou necessidade, como podem facilmente vir a ocorrer durante crises.

Foque todo o seu ser no sigilo. Sinta-o profundamente. Isso é o bastante. Mantenha sua mente vazia, sua consciência focada no sigilo. Permita que sua consciência se funda nas linhas, sinta a forma, instile senciência na semente. Agora todos os tipos de fenômenos podem aparecer. As linhas podem parecer se mover, o papel pode esmaecer ou ficar radiante, a forma pode ficar "fora de foco", a visão pode ficar dobrada, ou qualquer outra coisa. Não se incomode: mantenha sua consciência suavemente no sigilo, calma e relaxada, e evite câimbras. Os fenômenos podem indicar que você está acessando níveis mais profundos, embora isso, por si só, não seja realmente importante.

Pode acontecer de sensações fortes se manifestarem. Conforme o sigilo se movimenta nas profundezas, ele pode agitar todo tipo de entidades ou coisas. Pode haver fortes emoções, ou distrações que tentem distrair a sua atenção. Pode haver espasmos musculares, movimentos involuntários ou impulsos incômodos. Sigilos pegam caminhos curiosos, e podem acidentalmente acordar todo tipo de resíduos de seus sonos crepusculares. O ego pode tentar interferir, fazer você parar, fechar o portão. O que quer que ocorra, não se preocupe. Permita que aquilo que emergir passe por você e vá embora; não lute, não resista; só mantenha sua atenção suavemente na semente. Pode acontecer de você cair em um estado de transe mais profundo: você pode perder sua noção de tempo, ou achar que seu corpo está tremendo, sacudindo ou balançando. Nada disso é importante para a sua tarefa. Mantenha sua consciência no sigilo e evite câimbras.

Pode acontecer de seu desejo original ser vividamente recordado. Isso é particularmente inútil, pois há uma tendência a associar a forma do sigilo com todos os medos, desejos e ansiedades que você quer evitar. Não se importe com o desejo: se importe com a forma do sigilo, e nada mais. Você não tem que contar ao seu eu interior para que o sigilo serve, nem precisa contar ao seu sigilo o caminho que ele deve seguir para chegar às profundezas: a semente conhece o seu lugar.

As sensações que emergem durante a transmissão não devem ser combatidas nem buscadas; e você também não precisa julgar se elas ocorrem por causa de perturbações. Spare descreveu a transmissão ideal como uma "união através da ausência de mente". Normalmente a transmissão envolve diversas etapas de excitação e tranquilidade. A excitação – como balançar o corpo, tremor xamânico, etc. – limpa as passagens e controla a profundidade do transe, enquanto a tranquilidade deixa a mensagem passar. Câimbra é um perigo, pois bloqueia a transmissão e associa a forma do sigilo com emoções problemáticas.

Depois de um tempo você sentirá que já teve o bastante: continue a prática em outra ocasião. Pode ser útil, por exemplo, criar o sigilo em uma lua nova e trabalhar com ele sempre que quiser, até a lua cheia. Isso não quer dizer que o trabalho depende das fases da lua, apenas que elas podem ser usadas como confirmação.

Depois de cada trabalho, o sigilo deve ser esquecido e ignorado. Como você logo descobrirá, a grande simplicidade da transmissão pode de fato ser um feito difícil. Um humor de "indiferença amigável" pode ajudar. Isso é o que Austin Spare queria dizer com seu "Não importa – não precisa ser".

Um Exemplo de Ritual

1. Exaustão

Uma longa jornada a pé rumo a um lugar mágico, como o alto de uma montanha, uma gruta sagrada, um lago ou algum outro lugar com o qual você sinta afinidade. Certifique-se de não pensar sobre assuntos cotidianos no caminho, e que você sue bastante. Condições difíceis – noite, frio, calor, tempestade, perigo, etc. – podem ajudar a incomodar o seu ego e a abrir os portões. Um mantra pode ser útil.

2. Transmissão

Após chegar, comece com uma abertura ritual e uma purificação. Invoque seus deuses, espíritos, totens (ou quaisquer aspectos do *self* com os quais você trabalhe) e entre em transe por meio de dança, canto e música. Deixe o sigilo de lado – use um instrumento simples que você consiga tocar enquanto olha para o sigilo.

Deve haver um padrão de alternância entre música e silêncio. Se você conseguir praticar o tremor xamânico, tudo bem, desde que não envolva câimbra nem esforço; no todo, isso não é essencial. Siga o fluxo; não resista à excitação e não ceda a ela. Durante as fases silenciosas, permita que o sigilo vá cada vez mais fundo. Não é necessário querer, ou desejar, ou infligir suas ideias e conceitos sobre a semente: experimente-a por completo, isso é o bastante.

3. Libertação

Depois de terminar, dê um beijo no sigilo e enterre-o. Coloque algumas flores por cima da terra e borrife um pouco de vinho sobre ele. Fique de pé ou dance nas redondezas, depois agradeça, encerre o rito e parta.

Este é só um exemplo de uma estrutura de ritual que serve à transmissão em si. Você pode muito bem evitar a parte "extrovertida" – música, canto, experiência na natureza, etc. – e alcançar seu transe da forma "introvertida"; como, por exemplo, com auto-hipnose.

Em algum lugar no meio destes dois extremos está o campo da mágicka sexual. Aqui podemos considerar que a união depende do amor para transcender o ego – se o sentimento de amor estiver ausente, a identidade não é transcendida, e a transmissão não funciona como deveria. Amor implica que ambos os parceiros confiam uns nos outros; isso significa que você não vai dar ao outro o fardo de sigilos ou energias que ele ou ela não consiga suportar. Os diários *Rex de Arte Regia*, de Crowley, são um bom exemplo de como a mágicka sexual *não* deve ser praticada. Se você usar uma prostituta que nem sabe o que está acontecendo, sua suposta "união mágica" na verdade é masturbação, e nem é uma masturbação honesta.

Alguns magistas recomendam que um sigilo deva ser trabalhado até que manifeste resultados. Eu acho essa atitude errada: o sigilo manifestar-se-á quando as condições forem adequadas para seu crescimento. Se elas não forem, nem toda a persistência e teimosia do mundo manifestarão o resultado desejado; ao invés disso, todos os esforços fúteis desequilibrarão a mente e causarão frustração e câimbras.

Há uma modalidade de trabalho com sigilos que usa de uma grande intensidade. É o caso em que trabalhamos com algum deus, fera, espírito ou o que quer que seja, em um estado de obsessão direta, como é típico de algumas formas de xamanismo asiático, Voodoo africano ou Seidr (literalmente "ferver", "cozinhar") do norte europeu. Uma sessão como essas pode virar um acontecimento bem selvagem (dependendo da natureza do seu "convidado"), com um bocado de gritaria, tremores físicos, convulsões, etc. Nestes casos, o "convidado" trabalhando por meio do seu corpo pode assumir o controle e carregar diretamente o sigilo. Isso não é a mesma coisa do que quando você conscientemente o carrega por conta própria, pois a presença do convidado já suspende a interferência do ego. Também não há muita necessidade de esvaziar a mente. A vacuidade suspende o ego – que não é necessário neste caso – e permite a transmissão para as profundezas, que também é desnecessária, pois as próprias profundezas emergiram à superfície.

Abaixo da Superfície

A natureza da terra é essencial para o desenvolvimento da semente: sementes crescem em condições ideais para elas. As condições em que você vive são o solo no qual o sigilo florirá. Uma semente plantada no solo errado não consegue se desenvolver; ela sabe que as condições estão erradas e interrompe as atividades. O sigilo sabe quais condições são necessárias para sua manifestação: onde a vontade dita suspensão de desenvolvimento ele esperará, descansará e sonhará. A eficiência do sigilo não depende dos esforços do magista, mas das condições ditadas pela verdadeira vontade.

Sigilos são usados onde a consciência vê seus objetivos frustrados. Usamos sigilos para superar condições adversas, para escapar da censura da identidade, para alcançar nossas vontades por meio de caminhos cujas existências nós desconhecemos. Se você pensar em resultados enquanto transmite, você efetivamente força a sua mente a encontrar uma solução por meio dos canais desejados, e isso frequentemente é um impedimento, pois os "canais desejados" normalmente são exatamente a abordagem que não funciona. Nossos eus conscientes normalmente são o maior obstáculo para a manifestação do sigilo.

A atuação ativa da mágicka dos sigilos é o eu subconsciente. Nós não precisamos "carregar" um sigilo com nosso poder – o poder que podemos erguer conscientemente não é nada comparado com o poder que se movimenta abaixo da superfície de nossa mente consciente. O sigilo não precisa ser energizado – se corretamente transmitido, ele encontra seu caminho para as correntes profundas da verdadeira vontade e do instinto dinâmico, e os imbui com sua mensagem. Um sigilo como este torna-se irresistível.

A experiência logo revelará que alguns sigilos se manifestam muito rapidamente, enquanto outros levam tempo, e alguns simplesmente nunca se manifestam. Isso é determinado pela sua verdadeira vontade e pelas condições em que você vive. Um sigilo que vá contra sua verdadeira vontade, ou contra a de qualquer outra pessoa, não receberá a força necessária e permanecerá latente. Estes sigilos são considerados como "corpos estranhos", e são expulsos pelo sistema o mais rápido possível. Isso pode ocorrer por meio de confrontos – você tem a oportunidade de aprender com seus próprios erros –, de pesadelos, crises, ou no astral, ao viajar pelos túneis mais escuros da sua mente. Os deuses obscuros auxiliam com a purificação da alma: você verá aquilo que outrora desejou, para que possa digerir e reciclar o refugo.

Em certos casos, o sigilo pode se manifestar de uma maneira inesperada. Em vez de conseguir aquilo que esperava, você pode perceber que a necessidade evaporou, ou que o desejo foi transcendido por "iluminação" ou mudanças na sua personalidade. O *self* subconsciente não é um bruto imbecil que obedece a ordens, e sim uma entidade altamente inteligente.

Há também sigilos incapazes de se manifestarem imediatamente, devido a condições adversas ou oportunidades erradas. Estes sigilos permanecem em hibernação e esperam pela estação apropriada para seu crescimento: a semente saberá quando acabou o inverno e a vida voltou a ser possível.

Se muitos outros sigilos para o mesmo "desejo impossível" forem se acumulando nessa suspensão, eles podem desequilibrar seriamente a mente. Em alguns casos, eles podem encontrar uma forma de manifestação como fantasmas de desejos, alucinações ou decretos simbólicos; em outros, eles podem irromper violentamente ou causar a mudança desejada, destruindo os obstáculos. Neste último caso, recebemos os resultados desejados ao sermos violentamente transformados, de dentro para fora.

Às vezes, sigilos suspensos recebem uma oportunidade de encarnar quando seus hábitos e crenças são interrompidos, seja por causa de crises e doença ou por mudanças em seu estilo de vida. O estado de sua identidade cria o clima e as condições nas quais a semente pode se desenvolver: nós somos a superfície da terra e, sendo assim, escolhemos quais sigilos terão oportunidade de crescer.

Considere que uma flor precisa de condições específicas. O solo tem que estar firme o bastante para sustentar as raízes, macio o suficiente para permitir que a planta cresça por dentro dele; precisa conter os nutrientes e a água que trazem a vida. Precisa haver luz solar, energia livre para circular, além de espaço para que a planta cresça e se desenvolva.

Alguns magistas são excessivamente entusiasmados com resultados, e tentam fazer o sigilo crescer aplicando sobre ele intensas "cargas". Se ele não crescer, eles aumentam a carga, ou tentam aumentar o portão (mais crises), aplicam mais fórmulas elaboradas de poder, ou começam a usar rituais secretos e feitiçarias sexuais impressionantes. Essas coisas podem ajudar o resultado desejado, caso removam os obstáculos por acidente, mas geralmente isso não ocorre. O magista, nesse ponto, está inquieto de tanta urgência e necessidade, e tem que combater o medo do fracasso. Não tarda para que ele fique tão focado no desejo negado que os portões se fecham por reflexo, para que a passagem não seja violada.

Quando batemos de cabeça em uma parede, nós continuamos correndo na mesma direção? Persistência teimosa normalmente está conectada com motivações egoístas, como é o caso da crença equivocada de que "eu conheço a minha vontade e vou fazer essa coisa acontecer". O "fracasso" é reconhecido como uma ameaça ao ego – o mesmo ego que tão felizmente finge ter poder e autoridade divinos – e dessa forma o magista não consegue evitar: ele precisa lutar e persistir, a despeito da dor. Nestes casos, a situação toda é normalmente considerada um "desafio" ou um "ordálio" – qualquer coisa para não aceitar a possibilidade de estar enganado.

Sementes devem ser plantadas com carinho. Com as condições corretas, um sigilo precisará de bem pouco esforço: à sua própria maneira sutil, ele estabelecerá contato com a vontade universal e se desenvolverá com mais graça e poder do que ousamos imaginar. Uma de nossas tarefas está em viver as condições corretas: é fácil receber a inspiração para uma pintura, por exemplo, se você desenvolveu os talentos necessários de acordo com sua vontade. Se você acredita ser incapaz de desenhar, a força do sigilo primeiro terá que mudar as suas crenças, ou fazer você desenhar quando estiver pouco inibido.

Suas crenças são um dos principais obstáculos para o funcionamento do sigilo. É por isso que Austin Spare enfatizava o uso da suspensão de crença – como no caso da "postura da morte" – para dissolver convicções rígidas e para dar ao *Self* uma chance de se adaptar a novas possibilidades. Para evitar uma dissolução descuidada ("vou ficar com essa crença; ela é verdade mesmo, mas as outras podem ir embora!"), a postura da morte dissolve toda a crença de que temos ciência, e permite que a personalidade se reconstrua a partir de um vácuo. Se uma crença querida for de fato uma verdade, ela não será ferida pela dissolução, e aparecerá inviolada após a limpeza. A destruição regular de crenças (identidade) mantém você fluido o bastante para aceitar com facilidade mudanças intencionais. É por isso que Spare dependia menos de ritualística e mais de viver com honestidade. No fim das contas, um estado que os taoístas chamam de "Wu Wei", não-fazer ou fazer sem esforço, é adequado.

O esquecimento é outra consideração importante. Se você esquecer o seu sigilo, não precisa se importar sobre como e quando ocorrerá sua encarnação. Alguns desejos não conseguem encarnar quando se está ansioso a respeito de seus resultados; este é especialmente o caso quando o desejo envolve mudanças psicológicas. Seu ego pode tentar influenciar ou censurar o que aparece, acelerar o processo ou controlar seu desenvolvimento. Plantas não crescem mais rápido se você puxar elas para cima. É por isso que esquecemos do desejo sigilizado depois que a forma foi desenhada: não queremos a influência do ego durante a transmissão, ou mesmo depois. É claro que não é fácil esquecer um desejo que parece ser absolutamente vital para você: neste caso, você pode começar fingindo "indiferença", a atitude essencial de "não importa – não precisa ser".

Pode-se aprender a esquecer as coisas: assim como é possível imaginar algo, também é possível "desimaginar" algo – e isso acontece com muito mais frequência do que se supõe.

Comece fingindo que você não sabe para que serve o sigilo. A cada vez que a memória aparece, conte para você mesmo que a memória está provavelmente errada e certamente não tem importância, e que você não tem como ter certeza. Isso cria um estado de indiferença. Logo a sua atuação forçada terá causado um verdadeiro esquecimento.

Mágicka de sigilos exige um nível de confiança: somente em retrospecto você percebe que a técnica parece funcionar. O que acontece com um sigilo só será sabido quando a nova coisa estiver lá, ou quando você olhar para o seu passado e perceber as suas ilusões.

A filosofia de Austin Spare de Zos Kia está muito relacionada ao taoísmo. Ela cultiva uma honestidade especial de mente aberta, uma ingenuidade sofisticada que parece restrita por certas convicções, e abraça o paradoxo como uma coisa natural. A vida é experimentada como algo que vai além da dualidade de ser/vazio; o mesmo se aplica ao *self* e a todo o resto. É uma qualidade aprendida pelo autodescobrimento – algo que está, e não está, além de nossas tentativas desastradas de definir; uma dança de vida e morte que encontra significado e equilíbrio no ato de ir. O criador de sigilos nunca tem certeza, e nunca será surpreendido. Sigilos são atrapalhados por crenças absolutas, convicções firmes, necessidades, hábitos, reflexos condicionados, comportamentos rotineiros e coisas do tipo – assim como você.

O júbilo é mais importante do que técnica refinada – Os Profundos cuidarão daquilo que for entregue ao seu reino; a semente saberá a estação para seu crescimento.

LILITH

CAPÍTULO TRÊS

"DESENHO AUTOMÁTICO"

Desenho automático não é automático: a arte nunca é exatamente automática, e você também não. A expressão é completamente enganosa. Normalmente, a expressão "desenho automático" tem a intenção de designar imagens que parecem surgir por conta própria, desdobrando-se naturalmente com pouco esforço ou intenção. A técnica foi popularizada por teosofistas, espiritualistas e pelo movimento surrealista.

Um médium espiritualista entra em uma espécie de transe e produz desenhos em todo tipo de condição absurda. Depois da sessão, ele finge ter sido usado por algum agente espiritual como um veículo, "porque eu não sei desenhar nada!". Frequentemente, pessoas precisam insistir na origem "automática" de suas criações quando não ousam assumir a responsabilidade por elas. É muito mais seguro dizer "eu não sei desenhar, mas às vezes o espírito de Leonardo me possui...", como se esse espírito não tivesse nada melhor para fazer. Eu já vi desenhos feitos "pelas almas de grandes artistas", e geralmente uma criança conseguiria resultados melhores. É sempre mais fácil culpar algum agente espiritual do que assumir a responsabilidade por reconhecer e desenvolver seus próprios talentos. Como se o "agente espiritual" instilasse as linhas com alguma virtude especial! É por isso que eu não gosto do termo "automático" – ele tem um gostinho de autoenganação. Toda arte verdadeira é "automática", desde que venha naturalmente – mas isso não significa que você precisa ter uma síncope ou um apagão de memória. A desculpa do médium tradicional, "só aconteceu comigo e eu não pude evitar", simplesmente indica que a pessoa tem tanto ego que efeitos dramáticos são necessários para que qualquer coisa seja terminada. Pessoas assim são frequentemente muito orgulhosas, tanto dos talentos de seus espíritos quanto de suas próprias incapacidades. Sua crença de "eu não sei desenhar" é tão rígida que medidas extremas são necessárias – medidas que não são necessárias para Thelemitas, que reconhecem o potencial da criatividade – Vê! Dentro e não acima! – em todos os seres humanos.

Não importa se chamamos a fonte dos desenhos de "espíritos", "deuses", "demônios", "gênio interior", "*self* subconsciente", ou seja lá o que for. Desde que cooperemos com essa fonte, não haverá necessidade de possessões completas e de atividade supostamente "automática". Acima de tudo, devemos nos livrar da noção de que a arte "automática" é algo estranho, dramático ou misterioso. Em seu estado ideal, o ato é simples e natural. A questão "isso é obra minha ou de outro agente?" é irrelevante. O que importa é que a imagem venha, e que ela seja intensa e vívida.

Toda arte se movimenta entre os extremos. De um lado temos o *self* consciente, que pode aprender a ver e desenhar por meio de observação e prática. Este é um aspecto do artista que se desenvolve nas escolas de arte, fazendo exercícios de perspectiva, paisagem, retrato, nus, etc., com o objetivo de desenvolver a habilidade de ver, desenhar e reproduzir formas. Pelo outro lado, temos o *self* subconsciente, que se expressa em erupções dinâmicas de total criatividade, pouco se importando com convenções ou controle. Este aspecto do artista é desenvolvido pelo sonhar, pela vida selvagem, e pela derrubada das restrições. Em uma boa obra de arte, os dois aspectos estão equilibrados. O *self* subconsciente provê o poder e a vida; o *self* consciente dá forma ao todo, que faz sentido para o observador. O *self* subconsciente, aliás, não tem que ser treinado, e sim libertado. Crianças normalmente são muito boas com o "automático"; por exemplo, com seus desenhos espontâneos. Elas perdem essa habilidade quando ficam velhas o suficiente para aprender convenções e técnicas.

Quando eu falo de um "*self* subconsciente" neste contexto, eu não quero dizer que estamos inconscientes durante o processo de desenhar. Toda arte é consciente, mas o "eu", a noção de identidade e controle, é às vezes esquecido na intensidade da criação. Neste caso, esquecemos quem somos, e nos observamos trabalhando. As distinções entre estes dois tipos de arte são fluidas; é comum alternar entre essas duas atitudes no processo.

Pense na sua infância. "Desenhos automáticos" já foram naturais para você. Observe crianças de diversas idades enquanto elas desenham. Se você quiser redescobrir o talento da arte inspirada, você terá que passar novamente pelo mesmo desenvolvimento. A maioria dos adultos acredita há tanto tempo na sua própria incapacidade de desenhar que são incapazes de mover a mão livremente; sendo assim, o começo da nossa tarefa é livrar-nos dessas restrições. Nossos principais problemas são esforço, deliberação, orientação a resultados e câimbra. Iniciantes frequentemente temem reconhecer suas habilidades. Algumas pessoas estão há tanto tempo se escondendo por trás da crença de "mas eu não sei desenhar" que entram em uma crise quando você prova que elas sabem. Outros ficam apavorados pelas estranhas convulsões que surgem de suas identidades não reconhecidas. A tentação de negar o talento e desistir da prática pode ser irresistível.

Alguns exercícios simples

Arrume algumas folhas de papel bem grande (no mínimo A3), de preferência alguma coisa resistente e barata: papel de parede e papel marrom de embalagem são ótimos. É importante que você comece com um tamanho grande, e não hesite em consumir grandes quantidades. Use diversos tipos de lápis. Linhas grossas, como as de um lápis macio, são muito boas para começar. Queremos evitar hesitação ou dúvida. Linhas finas, como as de um lápis duro, são úteis caso você queira elaborar mais o seu trabalho com tinta. Linhas finas são mais fáceis de apagar.

Nossos exercícios básicos dependem de impulso e poder: "desenhozinhos" feitos em linhas delicadas e indecisas devem ser evitados. Comece com círculos e espirais simples. Cubra diversas folhas com todo tipo de círculos, linhas contínuas que giram rapidamente. Experimente algumas mudanças. Observe sua mão girando; acostume-se com o ritmo e com o fluxo.

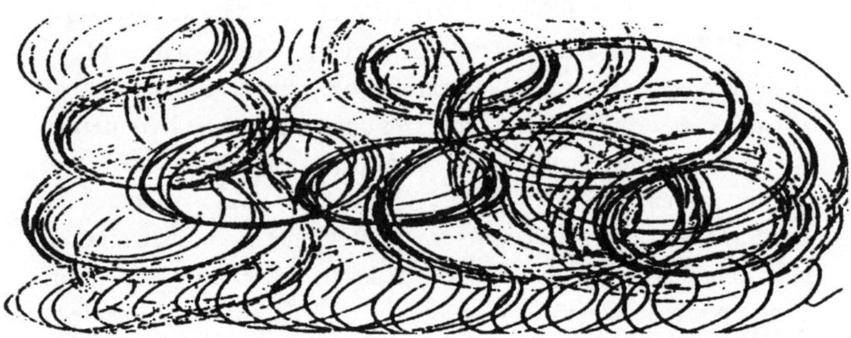

O importante é o sentimento de avanço e intensidade. Tente mudar a forma como você segura o lápis e descubra o que acontece. Essa prática pode parecer simples, mas não há motivo para negligenciá-la. Acostume-se bastante com o sentimento de mover a mão rapidamente e com poder. Você deve cobrir dúzias de folhas dessa forma, mesmo que pareça chato. Depois experimente com os olhos fechados. Invente variações. Varie sua velocidade e a pressão sobre o lápis. Em seguida, você pode tentar algumas outras formas que exijam um pouco de pensamento e bastante abandono.

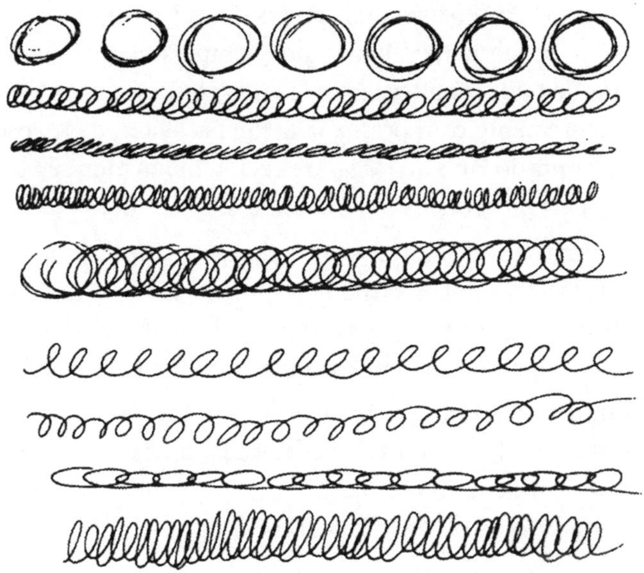

Cubra pelo menos duas páginas com cada uma delas. O padrão em si não é tão importante quanto se acostumar a movimentar a caneta com poder e rapidez.

Uma palavra sobre dificuldades. Nosso principal problema está na crença de um iniciante de que sua produção é inadequada. O sentimento de fracasso restringe a livre movimentação da mão. Essa restrição pode ocasionar diversos sintomas, cada um dos quais é evidenciado pelo fluxo do lápis. Como eu não posso incentivá-lo durante a sua prática, teremos que começar com as coisas mais simples, que não são muito frustrantes, e revelam facilmente os problemas que você tem.

Há três variações básicas de problemas de iniciantes, as quais podem ser classificadas de acordo com os princípios alquímicos.

Sintomas de "sal" são linhas lentas, grosseiras, uma mão vagarosa, um punho tenso e duro, simetrias trabalhadas. Estes casos devem trabalhar em seu poder e na fluidez dos movimentos.

Problemas de "enxofre" são revelados em erupções desiguais de poder, normalmente ditadas por temperamento e emoção. Momentos de fraqueza alternam-se com explosões súbitas; o artista está frequentemente com pressa, falta-lhe paciência, e ele costuma quebrar a ponta do lápis ou rasgar o papel. Tente manter seu temperamento e deixar o poder sair em um fluxo contínuo.

Problemas de "mercúrio" são revelados pela incerteza. Aqui, a linha pode parecer fina e vacilante, como se o artista não ousasse tocar o papel. Há um medo de comprometimento; as linhas parecem fracas e frágeis, ou podem ser muito facilmente interrompidas.

Há uma tendência perigosa de cair em dúvidas e de perder o impulso durante o trabalho de reparação. Nestes casos, nunca se deve usar a borracha. Tente manter o seu trabalho em tamanhos grandes, e mover o lápis de forma decisiva.

A maioria dos iniciantes têm problemas. Não deixe que eles o abalem. Além disso, você não deve tentar avaliar sua produção. Se você tentar aprender desenhos "automáticos", você está criando um portal através do qual as profundezas possam se revelar. É possível que seu ego tema esta possibilidade e tente convencer você de que seus esforços são inúteis, que seus resultados são ruins e que os seus "verdadeiros talentos" estão em outro lugar. Ele pode comparar o seu trabalho com o de "artistas de verdade", ignorando constantemente o fato de que eles tiveram exatamente os mesmos problemas que você tem. Por este motivo eu sempre finjo que a coisa toda é "só uma brincadeira" quando estou ensinando os outros; isso ajuda a manter sob controle a orientação a resultados. Não leve os exercícios muito a sério.

Aqui estão alguns padrões que desenvolvem ritmo e fluxo. Observe sua velocidade e seu *timing*. Faça pelo menos duas páginas de cada um deles, e invente algumas variações.

O exercício a seguir desenvolve a habilidade de desenhar "unidades" de linhas de forma rápida e espontânea. Ele ajuda a aprender sobre espaço, fluxo e interrupção.

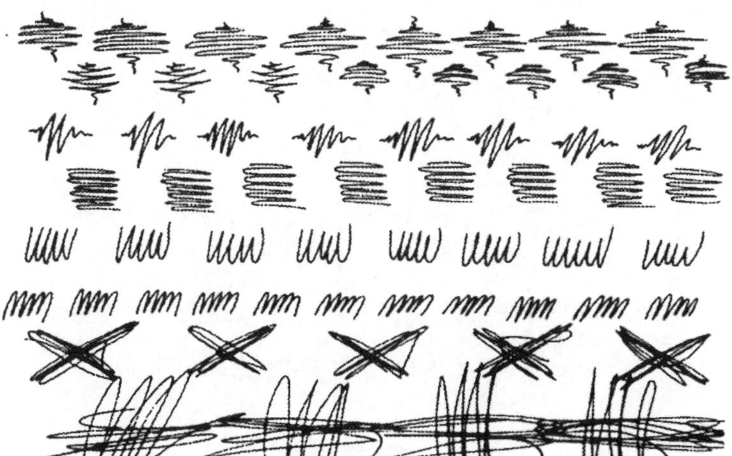

Experimente tamanhos diferentes e invente variações. O importante é a habilidade da mão de se mover livremente e com poder. Alguns acham que é bom cobrir as páginas até que elas fiquem quase pretas. Essa é a forma da mão de gritar "Não hesite: Faça!".

Em seguida, queremos livrar-nos das restrições que a escola impôs sobre a nossa caligrafia. Assim como o xamã aprende a falar e cantar na linguagem do caos, o artista-magista aprende a escrever com as letras do caos. Isso pode ser chamado de "a linha dançante". Simplesmente permita que o lápis trace rabiscos "sem significado", em uma velocidade que lhe liberte do controle consciente...

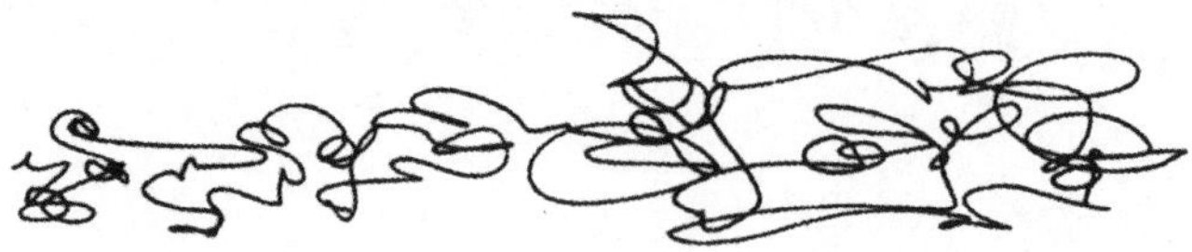

Abaixo há uma carta amigável para você, escrita na linguagem do caos. Eu sugiro que você mesmo faça várias dessas, e que as envie para vítimas prováveis.

A impulsividade é a qualidade exigida. Se você escrever como se estivesse tendo uma síncope, você está indo bem. Essa prática ajuda a se livrar da pressão e do controle adquiridos na escola. Se você tentar ler o texto em voz alta, ele fará o mesmo com a sua voz. Quando este exercício tiver ficado fácil, aliás, você terá começado a desenhar de forma "automática".

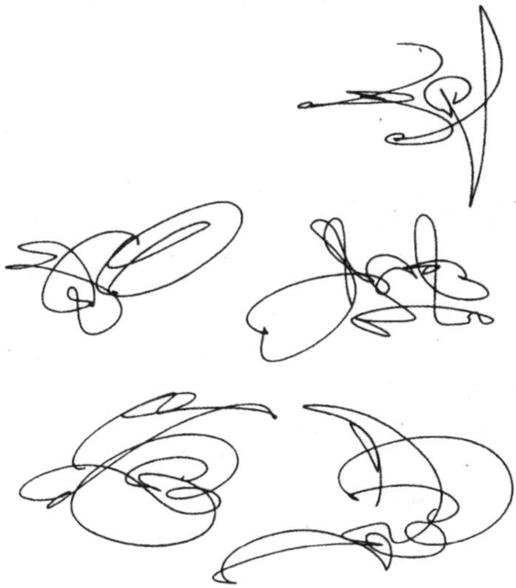

Agora você pode seguir adiante e começar a condensar o fluxo contínuo em unidades, rápidas explosões de movimento espontâneo. O que aprendemos com estes espasmos "inconscientes"? A desenvolver formas significantes "aqui e agora", e a interromper a ação antes que a estrutura fique excessivamente complicada. Quando você tiver aprendido a produzir essas e outras estruturas similares sem esforço, você também conseguirá encher páginas e páginas com estes itens, sejam como unidades separadas ou como uma linha contínua e entrelaçada.

A criação de sigilos, de acordo com Frater Custor, será bastante fácil para você. Você pode também experimentar com o uso de sigilos espontâneos como estes – talvez eles sejam úteis para mágicka ou divinação? Um sigilo desenhado espontaneamente pode ser tão interessante quanto um hexagrama do I Ching. Se você produzir muitos sigilos dessa maneira, você logo perceberá quais estruturas se repetem frequentemente. Estas refletirão suas principais obsessões. Você pode extraí-las cuidadosamente, simplificar a forma e trabalhar com elas exatamente como faria com um sigilo.

Parece provável que as "letras sagradas" de Spare tenham sido desenvolvidas dessa forma. Você não precisa saber o que cada uma delas significa para obter efeitos. As estruturas obtidas por estas erupções sem esforço frequentemente sugerirão formas significativas para você. Isso ocorre devido à tendência da mente de interpretar o desconhecido por meio do conhecido, e de impor ordem sobre o caos por razões de segurança. Vemos o mesmo fenômeno quando olhamos para uma raiz nodosa e determinamos o que pode ser entalhado nela. Vacuidade – uma mente vazia – ajuda a fazer imagens surgirem.

Você pode usar o sigilo espontâneo como uma estrutura fundamental e desenvolvê-lo, fazendo uma ilustração com o que quer que tenha recebido. Isso dá a você uma oportunidade de expressar ideias que vieram originalmente do seu subconsciente. Também é um bom treino para sua imaginação.

Deve-se destacar que desenhos "automáticos" raramente são perfeitos assim que emergem. Eles podem revelar sua essência interior, mas também conterão restos e refugos, linhas inúteis, ou pontos onde as linhas vitais estão faltando. Quando trabalhamos com lápis, temos a liberdade de nos livrarmos de itens inúteis e de enfatizar os mais importantes depois que a estrutura básica "veio". A distinção é importante. Enquanto a ilustração "vem", não devemos julgar, controlar ou interferir. Podemos observar nossa mão enquanto ela se movimenta. Normalmente, nossa compreensão é só um pouco mais lenta do que nossa mão. Em um artigo sobre desenho automático, Spare escreveu:

> *A mão deve ser treinada para trabalhar livremente e sem controle, pela prática de criar formas simples com uma linha continuamente envolvida sem*

reflexões posteriores; ou seja, sua intenção deve simplesmente eludir a consciência. Desenhos devem ser feitos permitindo que a mão se movimente livremente, com o mínimo possível de deliberação. Em tempo, será possível perceber que as imagens evoluem, sugerindo conceitos, formas, e deixando claro, em definitivo, um estilo pessoal ou individual.

Form[1]*, I (1), abril de 1916.*

Desenho "automático" dá ao seu *self* interior uma chance de se livrar de coisas reprimidas. Isso quer dizer que alguns dos seus desenhos parecerão terríveis, doentios, malignos ou nojentos. Não é importante que sua personalidade goste ou não deles. A coisa está aqui, e é preciso lidar com ela. A arte lhe dá uma oportunidade de se resolver com ela. Não feche seus olhos: confronte os demônios que você criou. Você consegue aprender a olhar para eles sem medo ou asco? As pessoas que só procuram por beleza e harmonia restringem-se mais do que elas imaginam. Se você der corpo aos seus horrores, pode ser que você se cure. Se você os negar, todo o seu ser sofrerá. Não se censure. A arte não precisa ser bela, o que importa é que seja viva. Restrinja um aspecto sequer de sua arte, e logo toda ela estagnará.

Você pode perceber que lidamos com o fenômeno do desenho "automático" sem fazer referência ao agente criativo. Nós tentamos aprender como deixar as coisas acontecerem sem nos importarmos com algum ser específico que possa estar fazendo o trabalho. É mais fácil assim. Alguns médiuns ortodoxos tentam conseguir uma "pessoa", "anjo", "espírito", etc., em particular, e têm suas técnicas limitadas por perguntas como "meu espírito guardião desenharia essas coisas?". Resumindo, eles tentam limitar o escopo antes mesmo de começar. Somente quando você estiver bem acostumado com a prática você pode tentar evocar uma de suas "personalidades alternativas" (deuses, demônios, espíritos, animais de poder, etc.) para fazer o trabalho – mas tente conseguir um pouco de experiência com possessão xamânica antes disso.

1. N.T.: *Forma.*

CAPÍTULO QUATRO

SIGILOS, SEXO E ALÉM

Desde que Austin Spare demonstrou a eficiência de seus métodos pouco ortodoxos de criação de sigilos, o interesse neste modo de feitiçaria do Novo Aeon vem crescendo. Os sigilos tornaram-se uma moda entre as bordas mais selvagens da corrente mágica e, ao lado da fórmula da mágicka sexual e das experiências com drogas, vêm sendo aplicados de forma completamente errada pelos famintos por resultados. Há muitos textos que tratam destes temas, dentre os quais poucos valem a leitura. Para o magista médio, os sigilos significam algo como uma conta bancária ilimitada combinada com "compras à distância" – os resultados são supostamente garantidos, e todos os clientes ficam satisfeitos. Nada poderia estar mais distante da verdade.

Os escritos de Spare, e a forma como Grant os representa, são crípticos demais para o público em geral. Diversos indivíduos e organizações confundiram a simplicidade básica do método.

A muito almejada "cura para todos os males" não deve ser buscada na técnica da mágicka de sigilos, mas sim na verdadeira vontade, que determina se um sigilo pode se manifestar. É um fato estranho que a maioria dos autores que escrevem sobre sigilos costume ignorar o fato de que sigilos podem não se materializar. Em sua opinião, o fracasso é uma coisa suja, que afronta o poder e o controle do mago, e precisa ser resolvido pelo uso de técnicas mais fortes e mais exaltadas. É quase como a busca pela arma maior, melhor e mais letal, que caracteriza a política moderna – quando uma única agulha de acupuntura não basta, tentamos usar uma furadeira elétrica. Essa tendência não tem nada de novo.

Há modas na mágicka, assim como em todas as outras coisas; às vezes é um ritual mais elaborado, às vezes o mais secreto nome de poder, às vezes, "artefatos autênticos" e caros, drogas exóticas ou posições sexuais obscuras. No momento, parece ser a "mágicka do Caos", a qual, como Yog-Sothoth me garante, é só um nome bonito para não-conformismo organizado. Sempre a ânsia por mais poder, melhores resultados, menos esforço, mágicka mais forte, mais satisfação; nunca a percepção de que a "ânsia por resultados" é uma doença do ego, e que o tão temido fracasso às vezes pode ser bastante intencional. Nós não precisamos fingir onipotência para conseguir fazer as coisas. Não é estranho que completos iniciantes, que nem mesmo acreditam em sigilos, consigam bons resultados, enquanto mestres-magistas pomposos, que acreditam desesperadamente em "é minha vontade: precisa ser assim!" precisem batalhar continuamente contra a revelação de que eles também estão sujeitos a erros? Qual é o preço de nossa luta pelo sucesso?

Não estou escrevendo essas palavras como um espectador inocente. Em mais de uma década de prática com sigilos, eu mesmo cometi uma enorme quantidade de erros, e tentei lidar com o fracasso com maiores esforços e mais tensão, até a natural chegada da câimbra. Câimbra, mental e física, pode ser um mecanismo de proteção, para evitar a intrusão de uma força hostil ou de uma partícula alienígena associada com sensações desagradáveis. Ela bloqueia a passagem do sigilo.

Spare falava de autoamor,[1] mas quanto amor pelo *self* pode haver quando o ego sente que seu domínio está ameaçado? Ou que as necessidades e desejos básicos não estão sendo atendidos? Eu levei vários anos para desaprender as concepções erradas que se acumularam ao redor da minha técnica de sigilos. Este texto foi escrito para

1. N.T.: *Self-love*.

me livrar dessas complicações e para revelar a mágicka de sigilos como a coisa essencialmente simples e natural que ela é. O mesmo vale para o capítulo sobre o chamado "desenho automático", que foi adicionado posteriormente. As práticas descritas nele não são exóticas, nem "espirituais", nem de qualquer maneira "exaltadas". Elas são úteis, no entanto, para ensinar como colocar a caneta no papel de uma forma espontânea e descontraída.

Surgiram diversos novos meios de trabalhar com sigilos, e os descreverei brevemente.

De Nema veio a sugestão de facilitar o aterramento ao desenhar o sigilo no chão, como os veves do Voodoo, usando farinha, grãos, cinzas, giz ou cores terrosas. Você pode andar ao redor dessa forma por um tempo enquanto faz suas invocações ou orações de sempre, e depois dançar sobre o sigilo até sua forma desaparecer. Isso conecta a forma do sigilo com o chão e com seus pés, o que é uma sugestão poderosa para manifestar a vontade desejada na carne, ou na terra.

Outra prática que eu recomendo com sinceridade é escrever uma carta para seus deuses, totens, espíritos, ou quaisquer outros aspectos do seu *self* com os quais você esteja trabalhando. Até mesmo a expressão "Caro *Self* Subconsciente" fará maravilhas. Você não precisa definir o que "os deuses" ou "o *self* subconsciente" são: os aspectos mais profundos da sua mente entenderão que a mensagem é para eles, e ouvirão o seu chamado. Normalmente eu escrevo as minhas cartas usando sinais rúnicos ou outros alfabetos mágicos que sejam fáceis de escrever, mas não de ler, para que o ego não interfira com o ato da transmissão; e incluo também alguns sigilos no texto, para focar em temas específicos. Se você não tem um alfabeto mágico eficiente, sugiro que você resista aos diversos que aparecem em grimórios medievais, e que peça à sua mente profunda por algo que satisfaça a ambos vocês. Então simplesmente vá do início ao fim do alfabeto, imaginando ou falando o som de cada letra até perceber imagens – sinais e formas simples – que pareçam se encaixar com os sons. Talvez você precise fazer isso algumas vezes até ter desenvolvido um alfabeto completo, mas no fim das contas, o esforço certamente valerá a pena.

A questão vital, é claro, é que a sua mente profunda provê as associações adequadas. Este é um dos aspectos mais malucos da mágicka. Muitos magistas parecem falar em termos de "eu faço isso e então controlo aquilo...", o que enfatiza o papel do *self* consciente. Frequentemente conseguimos resultados muito melhores quando nos damos ao trabalho de pedir à mente profunda por ajuda e conselhos. Em última análise, é a mente profunda que faz a mágicka, e ela a faz muito melhor quando a consultamos, em vez de esperarmos que ela entre em conformidade com nossos desejos e atitudes conscientes.

A mente profunda saberá o que funciona para você e lhe ajudará de bom grado a trabalhar a sua vontade; porém, como muitas vezes é o caso, a mente consciente teme que você "entregue o controle", e finge de qualquer jeito saber o que é melhor.

É fácil pedir aos aspectos mais profundos do *Self*, depois de aprender a sabedoria de realmente fazê-lo.

A maioria dos magistas – e eu não era exceção – tem uma tendência fatal a preferir todo tipo de fórmulas tradicionais (seguidas por infinitos experimentos) ao simples ato de perguntar ao *self* profundo como fazer as coisas funcionarem.

Outro problema é a questão de como se deve falar. Magos tradicionais têm uma tendência a se humilhar perante suas divindades enquanto ao mesmo tempo ficam dando ordens aos seus espíritos. Esse tipo de coisa é muito infantil. Estamos lidando com o *Self*. Os "deuses", os "espíritos", os "anjos e demônios", os "totens animais", "os "aliados" e a "mente subconsciente", todos são palavras para descrever aspectos específicos de um único fenômeno, do qual o *self* consciente é apenas um outro aspecto. Em nossa mágicka, estamos comunicando de *Self* para *Self*, e esse tipo de interação deve acontecer com honestidade e alegria. Quando falamos com "os deuses"

CLADOCINESE ZOTHYRIANA

ou com "os espíritos" da mesma forma que falamos com um caro amigo ou amante, temos resultados excelentes.

Isso soa simples demais? Você prefere rituais complicados aos mais simples, acreditando que a mágicka de verdade é sempre difícil, e que mudança demanda esforço? Eu sugiro que você mude essa crença.

A mágicka pode ser operada de forma bastante fácil depois que se aprende a voltar a acreditar na inocência, na simplicidade e na inspiração direta. Por que usar uma invocação memorizada, que inclua "nomes divinos" e "palavras de poder", quando é possível obter resultados melhores e mais vívidos "falando do coração", e somando uma dose de linguagem e cantos caóticos *freestyle*?

Algumas pessoas precisam de horas de ritualística pesada – incluindo configuração de templo, banhos, mantos, equipamento cerimonial, banimentos, exorcismos, invocações, gestos dramáticos, orações, sacrifícios e sabe-se lá mais o que para entrar no clima para transmitir um sigilo. Estes jogos podem ser divertidos pela prática ritualística que proveem; no todo, são um esforço da mente consciente em produzir um ambiente adequado para uma operação que ocorre principalmente sob o controle da mente subconsciente. Bem, eu não tenho intenção alguma de fazer com que você pare com essas práticas (quem sabe quais funções elas podem desempenhar para você?), e espero que você faça bom uso delas. No entanto, pode ser instrutivo experimentar algo de novo, de forma que você tenha a escolha de conseguir os seus resultados com ou sem toda aquela coisa teatral de fazer milagres. Experimente isso se você quiser: simplesmente feche seus olhos e fale com a sua mente profunda. Você pode dizer algo como "Oi! Mente subconsciente! Quero pedir sua ajuda. Estou com esse sigilo aqui, para alguma coisa vital (que eu me esqueci o que é), e queria saber se você pode me ajudar a transmitir ele. Você consegue me ajudar?". Agora seria o momento de estar muito aberto a qualquer espécie de retorno, pois sua mente profunda sinalizará da forma como ela bem entender, usando imagens, sons, palavras ou sentimentos. Se o sinal não for claro, você pode dizer "Não entendi muito bem a mensagem. Você pode mandar um sinal mais claro, se quiser cooperar, ou mais fraco, se não quiser?".

Quando a resposta for positiva, você pode dizer "Bem, vou abrir meus olhos agora, e olhar com bastante atenção para a forma do sigilo. O sigilo contém uma mensagem para você, então você poderia por favor deixar ele passar com clareza, e permitir que ele vá até bem fundo, até conseguir unir-se à corrente da vontade?". É claro, esse método, que é tão simples quanto conversar com um amigo, exige que você preste atenção em qualquer forma de retorno.

Isso não é um remédio para todo tipo de situação, mas há muitas ocasiões nas quais isso será mais eficiente do que um procedimento ritualístico elaborado. Isso dará à sua mente profunda uma oportunidade de te dizer se você está trabalhando direito, ou de indicar que a ocasião não é adequada para a transmissão, o que facilmente reduz a um mínimo aceitável a quantidade de "cabeçadas na parede".

Em trabalhos ritualísticos, frequentemente parece ser mais eficiente combinar métodos introvertidos (vacuidade, silêncio interior) e extrovertidos (canto, músicka, dança). Exige menos tensão alternar concentração silenciosa com explosões extáticas. Nós não precisamos trabalhar com um sigilo por horas, pois a mente profunda pode aprender surpreendentemente rápido se estiver interessada.

Outro método de operações com sigilos é oferecido pela mágicka sexual. Essa prática está bastante na moda nos últimos anos, principalmente por causa das obras de Crowley, Spare e Grant, de forma que alguns comentários talvez sejam úteis.

Basicamente, a prática funciona ao se concentrar fortemente em um sigilo ou imagem da vontade durante o orgasmo. Este procedimento essencialmente simples é um tanto dificultado pelo condicionamento cultural que recebemos na infância, um condicionamento tão intenso que a maioria das ordens mágicas clama ensinar o método apenas para os graus mais elevados de suas hierarquias.

Focar em uma forma abstrata enquanto se faz amor é um ato que conecta a semente de vontade com diversos instintos muito fortes, como a vontade de união e o instinto reprodutor. Você provavelmente precisará de um bom treinamento de concentração e visualização para se focar atentamente na forma (no olho da sua mente), pois qualquer outra ideia que surja em sua consciência será anexada ao sigilo. Isso pode criar algumas associações difíceis. Você também precisará manter seu entusiasmo sexual durante o processo, o que pode demandar um certo esforço.

E há também a questão da identidade sexual. A maioria de nós recebeu um pesado condicionamento que nos ensinou que o sexo é vergonhoso, ou no mínimo algo que não se deve mencionar em público, e que devemos esconder nossas lascívias e desejos por trás de uma máscara de educação e conformidade social. Bem, se conectarmos a ideia de "vergonhoso mas bacana" com a forma de um sigilo, o sigilo não irá muito longe.

É triste, porém verdadeiro, que a maioria das pessoas civilizadas sejam sexualmente limitadas, tanto em suas atitudes quanto em suas habilidades energéticas de seguir com o pulso do "reflexo do orgasmo". A atitude pode ser alterada, usando terapia de transe e métodos similares, mas a tolerância intelectual em si não basta para dissolver a "armadura de caráter" que se manifesta em várias tensões musculares crônicas por todo o corpo. Teoria sobre este tema pode ser encontrada em *The Functioning of the Orgasm*[2], de Wilhelm Reich; enquanto as práticas frequentes de Hatha Yoga, Pranayama Yoga, Ch'i Kung chinês e dança (enfatizando o movimento dos quadris) oferecem ajuda prática. Tais práticas são excelentes para libertar tensões crônicas, o que por sua vez permite que a energia sexual circule e pulse livremente.

Por último, há a armadilha do controle excessivo. Algumas ordens exotéricas são cegas o bastante para recomendar a seus

2. N.T.: *O Funcionamento do Orgasmo*.

seguidores que durante a prática da mágicka sexual não se deve sentir nem emoção nem amor. Talvez isso ajude a manter clara a imagem desejada, mas isso também afasta o significado do ato. Da forma como eu vejo, a mágicka sexual é patológica se não for realizada como um ato de amor e compartilhamento entre iguais que unem as essências de seus seres para dar vida a um impulso de vontade mútua. É claro, para amantes honestos, todo ato de fazer amor é mágico, sendo o evento em si tanto ritual quanto sacramental; e coisas como sigilos podem parecer complicações desnecessárias para uma união maior.

Pessoalmente, eu suspeito que o grande burburinho sobre a mágicka sexual venha do fato de que a maior parte dos magos e bruxas europeus entram no mundo da mágicka por meio de especulação intelectual e leitura e discussão de livros. Essa abordagem inclui uma tendência perigosa de negar e controlar o corpo, de concentrar em jogos mentais intelectuais e de ignorar as alegrias da dança, do exercício, das atividades externas e similares. Quando finalmente lhes é permitido fazer algo positivo com seus corpos (por exemplo, mágicka sexual), isso pode produzir um solavanco de uma energia que até então lhes era desconhecida. Usando as formas mais selvagens de obsessão por transe xamânico, você conseguirá resultados similares – e não precisará desperdiçar uma boa sessão de fazer amor concentrando-se em alguma forma abstrata.

Por último, há uma forma de mágicka de sigilos que pode vir a se desenvolver em um campo interessante para experimentos. Você já brincou de "cama de gato", com um pedaço comprido de barbante? Essa brincadeira incrível – que pode ser encontrada em todo o mundo – é frequentemente associada à prática de feitiçaria. Tente brincar disso em um estado de transe leve. Você não precisa saber o que esses sigilos ocasionais significam para descobrir sua eficiência. Frequentemente, problemas profundos acabam se resolvendo ao brincar com o barbante, refletindo sobre ele. Isso também é útil como um processo comunicativo. Se você tem problemas de comunicação com um amigo ou uma pessoa amada, brinquem juntos. Não da forma normal, que produz os mesmos conjuntos de figuras, mas criando padrões abstratos e irregulares que vocês possam resolver juntos. Esse joguinho aracnídeo pode ser útil quando os canais ordinários de comunicação estão bloqueados. Talvez você tenha o tipo brilhante de mente subconsciente que gosta de experimentar e desenvolver novos métodos de mágicka de sigilos. Se este for o caso, eu gostaria de ouvir sobre eles.

DANÇARINO PÁSSARO

CAPÍTULO CINCO
VISUALIZAÇÃO

Visualização é uma habilidade simples e natural que, apesar de tudo, ainda exige uma dose de prática. Os magos de outrora tinham bastante noção dessa dificuldade. Eles acreditavam que para imaginar visões difíceis era preciso primeiro aprender com visões simples, e prescreviam uma série de imagens simples: pontos, linhas, formas geométricas, campos de cores, etc. – com as quais o novato deveria praticar. Eu raramente ouvi qualquer coisa além de xingamentos das pessoas que começaram usando estes métodos.

Imagens simples podem estar entre as piores para os nossos objetivos. Se tentarmos manter a imagem de um círculo em nossa mente, por um minuto que seja, acharemos que a imagem parece simples demais, ou abstrata demais, e nossas mentes ficarão entediadas com ela em segundos. Antes que você perceba, o círculo foi movido, colorido, apagado, deformado ou achatado, e sai de nossa atenção sem nem percebermos. Como podemos desenvolver imaginação visual se até mesmo as práticas mais simples parecem fúteis ou frustrantes?

Começamos de forma ainda mais simples. Se esse fosse um livro de receitas, poderíamos começar preparando o caldeirão ou a panela. No nosso caso, não precisamos comprar essas ferramentas, pois já temos todo o equipamento para fazer essa tarefa. Tudo de que precisamos são alguns sentidos: temos sorte por termos diversos deles (eles vêm sem custos acionais em um pacote promocional, junto com o corpo e a realidade, no momento em que nascemos).

Também precisaremos de alguma energia, a qual será fornecida pelo entusiasmo, e de alguma paciência. Some a isso uma mente subconsciente amigável, que faça para você um bom trabalho, sendo legal e ajudando você nessa operação.

A mente subconsciente será frequentemente chamada de "mente profunda" nestas páginas, não por causa de qualquer profundidade incomensurável, mas para lembrar você de que a senciência com a qual vivemos não são as criaturas horríveis que davam o sustento de Sigmud Freud e de vários de seus seguidores. Como a sua mente profunda conseguiu este livro que está em suas mãos, podemos assumir seguramente que ela tem um interesse verdadeiro em desenvolver os seus poderes e talentos latentes.

A visualização criativa pode ser uma das habilidades que permitem que o mago contate e comunique-se com a mente profunda. Eu confio que a sua mente profunda – não importa se você a chama de seus "deuses", seu "gênio interior", "aliado", "ajudante espiritual", "sagrado anjo guardião", "totem animal" ou "demônio patrono" – encontrará significado nestas palavras; um significado único, adequado a você e às suas necessidades, e tenho certeza de que todos vocês são capazes de desenvolver habilidades novas e originais, além das experiências que este volume reserva a vocês.

Despertando os sentidos

Tu és aquilo que preferes. O vidente, o instrumento da visão, ou o visto.

Austin O. Spare, *The Focus of Life*[1]

Uma das chaves para a mágicka é o uso da imaginação. A imaginação é um meio plástico. Dando forma a nossas crenças, ela cria, apoia e destrói as realidades nas quais acreditamos. A imaginação

1. N.T.: *O Foco da Vida*.

é uma atividade dos sentidos internos. Você pode perguntar: o que são os sentidos internos?

O que nós sabemos sobre o universo é um conglomerado de experiências que recebemos através dos sentidos. Os fenômenos que chamamos de "uma árvore" consistem de diversos tipos de informações sensoriais.

Com o que ela se parece? Como é o movimento dos galhos? Quais tons de cor estão presentes no tronco, nos galhos, nas folhas? Qual é a sua altura? Como as raízes se encaracolam? Como ela se encaixa no cenário? Perguntas como estas podem ser respondidas com os olhos. Nossos ouvidos proveem diferentes fluxos de informação. Você consegue ouvir as folhas movendo-se com o vento? Qual é o som de uma fruta ao cair? Há pássaros nos galhos? O tato nos dá mais detalhes. Qual é a textura da casca? Quão firme é a madeira, quão elásticos os galhos, quão macias ou quebradiças são as folhas? Quão sólida é nossa árvore, quão úmida, quão quente? Nós aprendemos estas respostas ao senti-las.

Há também o paladar e o olfato. Você sabe qual é o gosto das folhas frescas e verdes das faias? (Quando estão jovens, podem ser usadas para fazer saladas!) Qual é o gosto das bagas ou frutas? Você se lembra do aroma levemente amargo das extremidades dos pinheiros jovens? Você conhece o cheiro da resina de abeto? O cheiro de podre das folhas úmidas em decomposição? A umidade fresca do pinheiral após uma chuva suave?

Todas as informações entram em nossa mente por meio dos canais sensoriais. Como um quebra-cabeças, elas se encaixam e criam aquilo que acreditarmos ser uma árvore. Quando você pensa em uma árvore (faça isso agora!), exatamente que espécie de informação sensorial vem à sua mente? Você vê sua forma? Você sente a sua madeira? Você escuta a folhagem? E o cheiro e o sabor? Surge alguma memória?

Quais informações sensoriais foram bem representadas, e quais você esqueceu? Pense – se quiser – nos seguintes fenômenos. Quais sentidos estão ativos na sua mente e quais estão ausentes? Você tem um sentido favorito para a memória? Tente pensar no mar; em uma montanha; uma floresta; o lugar onde você trabalha; o lugar onde você cresceu; seu templo; seu ou sua amante... Como os seus sentidos os representam?

Bem, por mais detalhada que seja a sua representação, ela não estará completa. Pode haver uma miríade de aspectos de uma árvore que nós nunca reconheceremos pela simples falta dos sentidos capazes de percebê-los. A radiação ultravioleta do sol é invisível para nós. Abelhas a veem muito bem, e a usam para encontrar seus caminhos.

Um cão pode muito bem pensar em termos de olfato. Como o morcego representa seus arredores? Como pássaros migratórios, borboletas, salmões ou baleias se localizam? O que dizer de nosso bom amigo *Palola viridis* (um anelídeo do Oceano Pacífico) que abunda uma só vez ao ano, em uma lua nova muito específica? Claramente deve haver alguns sentidos que nós não conseguimos nem imaginar (embora devêssemos tentar).

Uma quantidade enorme de informação sensorial vem às nossas mentes o tempo todo, muito mais informação do que somos capazes de lidar. Há partes de nossas mentes profundas que aprendemos a selecionar. De acordo com um sistema de prioridades, elas nos proveem uma representação de nossa experiência sensorial, e essa representação é o sonho fantástico que a maioria das pessoas considera a "realidade".

Uma das fábulas científicas dos últimos séculos é a crença de que as pessoas compartilham uma realidade em comum, uma realidade "objetiva". Se examinarmos a experiência sensorial de diferentes pessoas, logo perceberemos que cada um de nós vive em uma realidade única, criada pela própria pessoa.

Talvez nós possamos às vezes perceber as mesmas informações sensoriais originais, mas a nossa experiência em comum só vai até aí. Nossas histórias pessoais são diferentes, bem como a nossa natureza, nosso trabalho, nossa vontade e nossas prioridades; e, consequentemente, cada um de nós chega a uma seleção especial, uma representação adequada para si.

Mais ainda, este processo é tão natural para nós que ele funciona automaticamente: nossas mentes profundas aprenderam a responder a informações específicas, e a representá-las de formas especiais.

Um bom exemplo seriam todas aquelas pessoas que vagam pela natureza nos finais de semana, sem perceberem toda a vida ao redor de si, pois ela não é importante o bastante para elas. Um aracnologista facilmente perceberá uma dúzia de aranhas onde você só vê uma: o mesmo truque pode ser realizado por pessoas com aracnofobia, pois aranhas são muito importantes para elas. Eu suspeito que este mecanismo seletivo funcione por hábito.

Nossas mentes profundas aprenderam quais informações sensoriais parecem ser importantes para a mente consciente, e as proveem vividamente. Não é coincidência que o marxista médio viva em um mundo horrível, cheio de luta de classes, opressão, pobreza e revoluções fúteis, ou que o magista médio viva em uma realidade cheia de gestos, sinais, presságios, zonas de poder e radiação etérea. Nós ensinamos às nossas mentes profundas quais experiências são importantes para nós e devem ser enfatizadas.

Esta visão de mundo torna-se hábito com muita facilidade, e raramente é questionada, pois parece ser completamente real e convincente. Não tarda para que esqueçamos que aquilo que experimentamos não é tudo que pode ser experimentado, que vivemos em uma seleção, e não na totalidade das realidades possíveis. Quando nos lembramos de que escolhemos a nossa realidade, podemos nos lembrar de escolher uma realidade na qual valha a pena viver.

Exercício um

Enquanto você lê essas linhas, sua atenção está provavelmente voltada diretamente para as palavras, para sua voz interior, e não para as visões e os sentimentos internos simulados pelo texto. Agora passaremos a atenção para o universo externo. Fique confortável. Respire fundo por alguns ciclos. Do que você está ciente neste exato momento? Comece falando em voz alta. Diga o que você percebe com os seus sentidos. Você pode começar com o tato, por exemplo. Pode ser algo parecido com *bem, eu sinto o livro nas minhas mãos e meus dedos curvados segurando as páginas. Sinto meu corpo apoiado na cadeira, e minhas pernas estão cruzadas. Um dos meus pés está tocando o chão... Eu sinto minha barriga se movimentando conforme eu respiro... E os movimentos da minha boca... e a sensação do ar na minha pele... e meu corpo está gingando levemente...* E assim por diante.

Vá fundo neste exercício: há uma enorme quantidade de percepções sensoriais que você é capaz de reconhecer se quiser. Todas essas sensações vieram pelo sentido do tato. Agora vá para outro sentido, e vá dizendo o que você sente. Por exemplo: *e conforme eu sinto minha expiração... eu ouço as palavras que saem... e escuto as vozes de crianças na rua, e pássaros piando... e ouço minha respiração fluindo... entrando e saindo... há um carro passando pela casa... agora a geladeira está começando a zumbir... e há música em um outro apartamento...* E prossiga para o próximo sentido: *eu sinto a luz do sol... pontos brilhantes se movendo pelas paredes... refletindo nos quadros... e raios de luz entrando... eu vejo as partículas de poeira dançando... e o verde forte das plantas... que estão absorvendo a luz... e os pontos marrons nas beiradas das folhas... e a curva do seu crescimento... e a cor profunda da terra... e eu vejo meu corpo... minhas mãos estão apoiadas... e quando eu olho com bastante atenção... consigo enxergar as linhas finas das minhas mãos... e os pelos... e assim por diante.*

Repita esta prática por um tempo. Eu sei que pode parecer primitiva, mas a não ser que você realmente experimente, muito do que será oferecido nas próximas páginas se perderá.

O que aconteceu? A maioria das pessoas que experimenta esta prática relata que a maior parte de sua atenção ficou focada no lado de “fora”, no mundo das percepções sensoriais externas. Isso, por si só, pode ser uma habilidade útil. De quantas ocasiões você se lembra, quantas vezes em que você estava tão focado nos seus problemas internos, esperanças, sonhos, ou qualquer outra coisa, a ponto de simplesmente ter perdido o contato com o mundo ao seu redor? Quando você intencionalmente aponta a sua atenção do mundo interno para o mundo externo – o que pode ser difícil em épocas de crise ou depressão – essa prática pode ajudar você a mudar.

Outra vantagem é a habilidade de “entrar” em um sentido à sua escolha. Quando você falar sobre um sentido, percebê-lo, e falar ainda mais sobre ele, você notará que este sentido será amplificado, e que você o perceberá mais intensamente. Quanto mais atenção você dá a um canal sensorial, mais intensa será a experiência. Amplificar todos os canais sensoriais de uma só vez costuma produzir experiências que expandem a mente. Outro tema vital é aprender a falar livremente, sem inibições ou tentativas de controle. Isso será útil mais tarde.

Você já tentou este experimento algumas vezes, e em ambientes diversos? Você pode ter aprendido quais ambientes você prefere experienciar profundamente, e quais devem ser experienciados com menos intensidade.

Exercício um – variações

Agora podemos experimentar algumas variações. Primeiramente, você pode aprender a mudar a sua voz.

1. Mude a modulação da sua voz para que ela soe amigável – faça com que ela seja o tipo de voz que você gostaria que falasse com você. Como isso altera a sua experiência?

2. Tente falar rápido. Fale em uma voz alta e animada, e vá se permitindo ficar cada vez mais rápido, e mais animado, com cada sensação que você descreve. O que acontece com a sua experiência?

3. Experimente a voz de "mágicka cerimonial". Esta soa sonora e séria, e vibra as palavras com uma espécie de zumbido. Tente soar importante, como se cada uma de suas palavras tivesse um impacto capaz de alterar o mundo.

4. Fale lentamente, e vá ficando cada vez mais devagar. Não se apresse. Fale *muito* devagar, com uma voz suave e tranquila, calma e pacífica... e se... você disser... só duas... ou três palavras... com cada fôlego... você pode descobrir... que sua mente... está relaxada... e a consciência... fica ampliada... mais intensa... e vívida... e você... pode relaxar... e deixar... a experiência... guiar você... tranquilamente... sem esforço... a um estado... agradável... descansado... e natural... de transe... e você pode... aproveitar ser devagar... e calmo... se dar... todo o tempo... para sentir... profundamente... para agradar... você inteiro... e se sentir... livre... para mudar... à vontade... de sentido... em sentido... de pensamento... em pensamento... de palavra... em palavra... tranquilamente... enquanto você... sente... a completude... da experiência.

5. Quando você conseguir produzir diversas mudanças interessantes na sua consciência usando estes métodos, sinta-se à vontade para mudar da voz alta para sua voz interior. Deixe sua voz se acalmar. Deixe que ela vire um sussurro, um fluxo suave, quase inaudível, escorrendo. Então continue com sua voz interior. Qual é o som da sua voz interior? É uma voz amigável? Você gosta de ouvi-la? Muita gente tem vozes interiores assombrosas, que resmungam e reclamam e criticam, boa parte do tempo.

Talvez elas ouvissem com mais atenção suas vozes interiores se essas vozes interiores soassem mais amigáveis. Se a voz interior quiser ser ouvida, é bom que ela soe amigável, para que a mente consciente a escute. Podemos dizer a nossas vozes interiores como queremos ouvi-las, e permitir que elas se tornem uma voz interior que seja um prazer escutar.

Provavelmente, a primeira coisa que você perceberá será que mudar a modulação e a velocidade da sua voz muda a sua percepção. Sempre foi assim, na sua vida inteira; você só não havia percebido. Falar com uma voz animada é uma ótima forma de ficar animado. Podemos encontrar utilidade nisso quando estamos cansados e nos sentindo apáticos. Pense nos locutores esportivos no rádio. De alguma forma, esses tagarelas profissionais conseguem falar de forma tão animada e rápida que o público imagina (alucina) eventos rápidos e emocionantes, e realmente experimenta tensão, alívio, alegria, orgulho, etc.

Usando a voz animada e rápida, você pode fazer a experiência de um dia agradável no bosque ser tão divertido quanto champanhe. Usando uma fala lenta e suave, por outro lado, você consegue relaxar e se permitir entrar em um suave transe semidesperto. Muitos estados de transe envolvem um movimento interno de consciência. Se você usar este método – e devo repetir que essa prática é extremamente importante – você descobrirá que às vezes os seus olhos começarão a se fechar, e que sua boca quer ficar mais calma, para que sua voz vire um sussurro, ou continue internamente. Tudo bem. Permita.

Embora sua boca esteja fechada, a voz interior pode continuar à sua maneira, lenta e relaxante. Embora os olhos estejam fechados, ainda é possível enxergar com eles, e descrever a escuridão, e o movimento da luz nas pálpebras.

Quando a percepção passa dos sentidos externos para os internos, você ainda está livre para descrever o que sente, e para amplificar isso. Haverá visão interna depois que os olhos se fecharem, embora você possa não acreditar que isso seja possível. Não tenha muitas expectativas. O que você imagina ser a sua visão interna? Você consegue sonhar acordado? Você se lembra da casa onde você cresceu? Você consegue imaginar o que veem as pessoas realmente boas com suas visões internas? O que você vê nos seus sonhos? Qual é a sua cor favorita? Como será a sua aparência quando você tiver dominado estas práticas? Quais são as cores das roupas que você está vestindo? Como você se pareceria se estivesse vestido com peles e cores terrosas? Você tem realmente certeza de que não consegue enxergar imagens com seus olhos internos?

Este talento pode ser aprimorado.

Há pessoas que acham difícil tornarem-se conscientes de seus sentidos internos. Quando fecham seus olhos, elas veem escuridão, e conforme continuam a usar seus olhos físicos, a escuridão é tudo o que existe. A visão interna não é vista, e sim imaginada.

Lembre-se da árvore com a qual começamos. Pense nessa árvore agora. Eu digo "pense", mas o que isso quer dizer? Seu pensamento pode aparecer na forma de sentimentos, ou pode ser a voz interior, ou você pode imaginar com a visão. Quando eu peço que você se lembre da forma de um galho, você precisa de uma imagem interna para fazê-lo. Todos nós fazemos diversas coisas com nossos sentidos internos, e a maioria de nós não reconhece isso.

Quando pedem que você lembre ou imagine a aparência de alguma coisa, você só é capaz de fazer isso usando a "visão interna" – e ela é tão natural para você que você faz isso sem nem perceber. Na verdade, estas visões internas, vozes internas ou sensações internas podem funcionar com tanta velocidade que chegam a ser rápidas demais para a consciência.

Um processo simples, tal como "eu vejo isso, tenho tal sentimento sobre isso, e digo para mim mesmo tal e tal" pode levar menos de um segundo, pois viemos fazendo isso por todas as nossas vidas, e tudo que a mente consciente reconhece é o resultado final; "bem, eu pensei...", sem a percepção de que esse "pensamento" envolveu uma operação complexa usando representações em diversos sentidos internos.

Uma das questões mais importantes da mágicka é o fato de que as pessoas usam seus sentidos internos de diferentes maneiras. Algumas pessoas têm uma "audição interna" maravilhosa. Elas conseguem imaginar as vozes de seus amigos, ou o som da chuva na janela, ou pneus de carro cantando. E elas frequentemente têm vozes internas bem moduladas, com as quais podem travar longos debates.

Outros desenvolveram sua "visão interna". Você consegue imaginar qual será a sua aparência daqui a dez anos? Como eram os seus pais quando jovens? Você conhece as formas das folhas de carvalho, sorva e bétula? Como seria um pinheiro roxo, ou uma faia rosa? Se você consegue responder bem a essas perguntas, você provavelmente desenvolveu uma boa imaginação visual.

E há também aqueles que têm um tato profundo. Você consegue imaginar a sensação de um banho frio, a explosão gélida da água percorrendo a sua pele? Você conhece a incandescência do vinho quente, e como ele se move pelo seu corpo? Você conhece as sensações de duro e macio, emoções de peso, de fluxo, de explosão e de expansão?

Você consegue imaginar o toque da pessoa que você ama? Olhando com atenção, a maioria das pessoas percebe que elas têm "sentidos favoritos" para representar seus pensamentos. Isso não significa que elas só possam usar estes.

Parece provável que nós usemos todos os nossos sentidos o tempo todo, mas que a mente consciente goste de se especializar, e este tipo de especialização pode ser tanto vantajoso quanto restritivo. Se você vier a reconhecer que é "deste tipo" ou "daquele tipo", eu lhe garanto que você está errado. Como um ser humano completo, você pode aprender a usar todos os sentidos. Cada um dos sentidos oferece uma variedade de experiências possíveis. Se você tem algum sentido particularmente bem desenvolvido, tente desenvolver os demais igualmente bem!

Mágicka exige boa imaginação

Se nós imaginarmos uma forma-deus, provavelmente vamos começar usando nosso sentido (ou sentidos) favorito(s). Algumas pessoas conseguem ouvir a si mesmas invocando o nome daquela divindade. Outras têm sentimentos de medo ou espanto, e outras veem aquela divindade, completa, com todo o cenário e simbolismo adequado. Nada disso é bom o bastante. Se quisermos ter um contato realmente intenso, teremos que usar todos os nossos sentidos. O que queremos é visão, audição e tato cooperando, queremos sentir e ver e ouvir, tudo ao mesmo tempo. É assim que cada canal sensorial poderá apoiar os demais, e podemos conseguir uma representação tão real quanto possível.

Neste ponto, eu espero que você tenha aprendido que o modo de falar – detalhes como o tempo, modulação, energia, entonação – tem muito a ver com como percebemos aquilo que estamos descrevendo. Você terá reconhecido que uma voz lenta, rápida, amigável, animada, desanimada, alta, sussurrante ou sexy exerce todo tipo de efeito sobre a mente, e que isso tem muito pouco a ver com a própria informação que está sendo comunicada.

Você pode ter percebido que colocar em palavras o que você percebe é uma forma de tornar a experiência mais intensa. Isso certamente não é uma revelação nova... no nível subconsciente, esse tipo de coisa é feito pela maioria das pessoas na maior parte do tempo. Se você quiser uma boa demonstração, pergunte a alguém de quem você não gosta quando foi a última vez que essa pessoa ficou realmente doente. Continue pedindo detalhes e observe como essa pessoa entra nos sentimentos que está descrevendo.

Quanto mais vívido e detalhado o relato, melhores as chances de que ela realmente reviva aquela experiência horrível... tendo um bom acesso a todo tipo de dor e preocupação, e amplificando essas memórias, descrevendo-as e experimentando-as simultaneamente.

Caramba! Que experimento brutal! Será antiético perguntar a alguém como é uma sensação horrível – uma pergunta que só pode ser respondida com um completo e sangrento detalhamento ao se obter um bom acesso àquela memória e revivê-la? Devemos fazer essas coisas com os outros? Bem, com que frequência você fez isso antes, com pessoas com as quais você realmente se importa, por conta de uma estranha noção de "compaixão" e "interesse humano"?

Ou você gostaria de aprender o oposto? O que acontece quando você pede um relato realmente completo de quando a sua pessoa-teste se sentiu feliz, saudável, poderosa, dinâmica, animada ou mesmo inspirada? O que acontece com as pessoas que gostam de contar sobre seus bons momentos? Você consegue perceber uma mudança de postura, respiração, tônus muscular, cor de pele, voz ou algo mais?

Exercício dois

O próximo experimento pode te mostrar o quanto você é capaz de perceber se você quiser. Experimente isso com uma árvore ou uma planta, pois estes são seres vivos com formas complexas que em grande parte são desconhecidos para a maioria das mentes. Primeiro você precisa achar uma boa árvore. Ande ao redor dela, veja, escute, sinta, prove, cheire a árvore. Quantos detalhes você consegue perceber? Quanto da sua percepção pode ser expressada em palavras? Não se apresse e continue falando.

Você achou essa prática difícil? Iniciantes às vezes tentam fazer suas descrições serem perfeitas, precisas, ou até mesmo poéticas. E quando as palavras escapam ou as expressões se emaranham, eles começam a se preocupar, e a se preocupar com palavras, o que está a quilômetros de distância da experiência pela qual eles começaram.

Se você não tiver o hábito de improvisar discursos, orações ou poesia hipnótica, você certamente precisará de prática para ficar fluente. Iniciantes normalmente perdem o ritmo, ou esquecem palavras, ou hesitam, ou pausam, ou usam a expressão errada, e repetições são comuns. Tudo isso é típico e natural. Nesse momento, ninguém liga nem um pouco para perfeição.

Diga o que quiser. Não existe certo ou errado a respeito disso – o único detalhe vital é que você abra a sua boca e não pare de falar. Se as palavras fizerem movimentos dançantes e enrolados, isso é problema delas.

Repetições são muito úteis. Se você não encontrar nada de novo para dizer, diga o que você já disse antes, até alguma coisa nova aparecer. Mesmo que você se repita uma dúzia de vezes, você está indo bem – pode não ser muito original, mas funciona para intensificar o que você está dizendo.

Pausas podem ser igualmente úteis. Um momento de intenso silêncio pode limpar os sentidos para a próxima sensação. Se você estiver usando o método da fala lenta e hipnótica, você achará repetições e pausas úteis para amplificar o transe. No longo prazo, a prática da fala livre ajudará você a aprender que você pode confiar na sua mente profunda para encontrar as palavras corretas.

Se você tem experiência com transe ou aprendeu métodos de auto-hipnose ou meditação, você está provavelmente acostumado a escorregar para um transe em uma postura relaxada e confortável. A ideia básica é que quando o corpo está em descanso a mente fica livre para circular pelos mundos internos. Alguns de vocês, em particular os hipnoterapeutas, xamãs e adeptos da mágicka do caos, terão consciência de que transe não exige um corpo passivo ou relaxado. Na verdade, a maioria dos transes não são induzidos por esforço consciente e técnicas tradicionais, vindo com bastante naturalidade.

A maioria das pessoas entra em transe dezenas de vezes por dia, sem nem reconhecer este fato.

Talvez estes transes naturais não sejam tão intensos quando aqueles que você experimenta quando entra em um transe intencional; mas essa, na verdade, é uma diferença de grau, não de natureza.

Você se lembra da sua época de escola? Ou da faculdade? Você consegue se lembrar como era quando alguma coisa realmente te interessava? Alguns professores, ou temas, tinham um jeito de capturar a sua atenção, e você se interessava, e se empolgava, e queria saber mais, e mais, até que de repente tocava o sino e a aula estava encerrada, cedo demais...

E quanto aos outros extremos? Alguns professores eram realmente pavorosos... falando com uma voz chata e cansada sobre assuntos estranhos e incompreensíveis, de forma que as palavras pareciam vazias e se dissipavam em um monótono zumbido de fundo, e você se sentia entediado e aborrecido, e a sua atenção começava a se desviar... para outras pessoas na sala... para a janela... para os rabiscos na sua mesa... para as rachaduras na parede... para coisas que você queria fazer depois da aula... para memórias do final de semana... etc... até que o sino lhe acordasse.

Eu diria que ambas essas situações são estados de transe. No primeiro, sua atenção estava tão intensamente fixada em algum estímulo externo (o tópico no qual você estava interessado) que a consciência interna (coisas como: eu gosto disso? O que eu vou fazer mais tarde? Estou com fome?) ficava praticamente esquecida.

Eu costumo cair nesse tipo de transe enquanto pinto. Por horas, eu fico tão obcecado com cores e formas e disposições e todo o resto, que me esqueço de comer, de beber, de descansar... e quando a pintura está pronta, eu de repente me lembro do meu corpo, e me sinto completamente exausto.

No outro transe, a consciência externa (coisas como a escola, o professor, a lição, etc.) fica tão apagada e desinteressante que a sua mente, estando chateada, desassocia-se dos itens que não a interessam, e associa-se com os itens que oferecem mais interesse e prazer. Em nosso exemplo, o mundo exterior tornou-se tão desinteressante que a atenção se voltou para dentro, e essa experiência interior ficou tão vívida que a experiência exterior foi esquecida.

Podemos chamar isso de "devaneio" ou "alucinação", dependendo se consideramos uma ocorrência natural ou patológica. O mesmo tipo de transe cotidiano pode ser observado sempre que pessoas precisam fazer trabalhos chatos ou automáticos, ou quando processos internos (como resolução de problemas ou pensamento positivo) tornam-se mais importantes do que a consciência do mundo externo. Pessoas com depressões muito profundas ou pessoas apaixonadas costumam perceber muito pouco sobre o mundo ao seu redor. Vale lembrar a definição de Milton Erickson de que o transe costuma estreitar a atenção, ao mesmo tempo intensificando-a. Enquanto sentíamos e descrevíamos a consciência externa, nossa atenção estava focada no mundo externo, e o percebíamos mais intensamente do que o normal.

Quando mudamos nossa descrição e consciência, passando nosso foco para a consciência interna, bem como para a visão, palavras, sons e sentimentos internos, o que se passa em nossas mentes, sentiremos estes com mais intensidade do que o habitual.

Algumas escolas de psicoterapia instam seus pacientes a "ir para dentro" e descrever tudo que for percebido. Normalmente, através deste processo, a consciência interior torna-se mais forte e mais intensa. Xamãs nepaleses praticam projeção astral sem a necessidade de um corpo profundamente relaxado, repousando em um lugar tranquilo. Estes xamãs cantam e dançam até entrarem em transe. Então eles começam a descrever como eles deixam seus corpos e a área do ritual, e como eles voam com suas feras guardiãs, sobre a vila, sobre o rio, sobre as cadeias de montanhas, até mundos invisíveis, as terras dos espíritos, os reinos dos mortos e dos inascidos. A jornada é descrita em canção, e boa parte dessa canção é repetitiva, o resultado de muitas jornadas. Estes relatos simultâneos de movimento e de experiências internas tornam a percepção do transe mais intensa para o xamã, e permitem que outros xamãs e o público participem.

Há muitas pessoas que precisam de paz, tranquilidade e relaxamento para pensar ou devanear. Podemos conseguir os mesmos efeitos de muitas maneiras. Vá dar uma longa caminhada, de preferência no campo, onde você possa estar sozinho. Se você passar um tempo caminhando, você perceberá que o movimento regular e rítmico do seu corpo pode ser exatamente o que você precisa para se acalmar e entrar em um agradável estado semidesperto, ou de transe.

Passo a passo, seus pés encontram o caminho, e com um pouco de prática você consegue coordenar seu ritmo de caminhada com seu ritmo respiratório. Enquanto caminha, repita o exercício um.

Exercício um – na natureza

Passo a passo... os pés... encontram seu caminho... e a mente... está livre... para desviar... a atenção... para os sentidos... e você sente... como o seu corpo... se movimenta... e o chão... sob seus pés... enquanto você anda... e respira... e fala... as palavras... fluem fáceis... só uma... ou duas... com cada respiração... movendo-se... livremente... e você escuta... suas palavras... e a respiração... fluindo...e o som... de pássaros... distantes...conforme você... movimenta-se... o campo passa... e você descreve... o que percebe... enquanto caminha... rítmico e regular... para dentro... e para fora... flui a respiração... as palavras... e você percebe... tanto... para ser visto... tantas vistas... tantos sons... tantas sensações... você está... em um bom transe... e aproveita... e se movimenta... como quiser... passo a passo... naturalmente...

Se você encarar essa prática com um clima divertido, será fácil. Se você levar a sério demais, talvez seja um pouco difícil. Às vezes as pessoas me dizem que acham difícil coordenar o ritmo da

PORTÃO SIGILO ENTRE OS MUNDOS

respiração com os passos. Uma forma de se acostumar é praticar com um mantra. Se você escolher uma expressão sugestiva, como por exemplo "passo a passo eu aprendo a entrar em transe", você pode experimentar dizer (com a boca ou com a mente) uma palavra para cada passo que der.

Isso ajudará você a coordenar as ações de falar e andar. De novo, você perceberá que a velocidade e a modulação fazem diferença. O que acontece se você falar rápido e com uma voz animada? Uma coisa que pode acontecer facilmente é você começar a andar cada vez mais rápido. Isso pode tornar-se um estado de transe ativo e poderoso, um estado que pode ser muito útil caso você queira subir colinas por longos períodos.

Por outro lado, se você permitir que as palavras saiam lentamente, e reduzir o ritmo de seu movimento e a velocidade de sua consciência, você começará a entrar em um transe lento e prazeroso. Provavelmente você irá querer parar para descansar, mais cedo ou mais tarde, fechar seus olhos e desviar a atenção para dentro. Quando este desejo surgir, sinta-se à vontade para realizá-lo.

O que você pode fazer quando estiver em transe? Espero que você tenha algumas respostas para isso. Se você não tiver, que tal perguntar à sua mente profunda para que finalidade você pode usar o transe?

Como você recebe as suas respostas? Feche seus olhos e peça às partes criativas da sua mente para inventarem pelo menos dez atividades possíveis que você possa desfrutar no seu transe. As respostas não precisam ser perfeitas. Elas podem ser boas ou ruins, razoáveis, absurdas ou simplesmente impossíveis. Não importa. Reúna dez, e depois peça para sua mente profunda escolher uma delas, e revelar a você qual foi.

A maneira de ser um magista realmente criativo é dar às partes criativas da mente bastante liberdade para elaborar escolhas possíveis. As partes criativas estão lá para serem criativas. Se elas funcionarem direito, elas vão inventar qualquer coisa. Elas não são muito boas em estimar quais escolhas são eficazes, e é aí que entram as outras partes da mente, para julgar, estimar, adivinhar e selecionar quais escolhas podem ser experimentadas. O mesmo método é útil para pintar, pois as partes que manuseiam o pincel não são as mesmas partes que avaliam o resultado. Se o pincel fosse aplicado pelas mesmas partes que avaliam e criticam, a pintura nunca começaria. É por isso que boas escolas de arte esperam que seus iniciantes desenhem sem a borracha.

Muitas pessoas, quando lhes pedem que inventem escolhas ou alternativas, se voltam para dentro de uma forma meio morna, pulam em cima da primeira escolha que aparece, julgam, analisam e a avaliam sem piedade, e depois decidem que são incapazes de inventar algo de útil. Bem, se você fosse a parte criativa de uma pessoa assim, você também não iria querer trabalhar sob essas condições. As partes criativas funcionam muito melhor quando têm bastante tempo e oportunidade de trabalhar sem interferência, de forma que conseguem inventar uma gama realmente ampla de alternativas. Mesmo as alternativas impossíveis têm seu valor – talvez elas não funcionem, mas pelo menos rendem boas piadas.

Sair do transe é muito similar a reverter o procedimento de entrada. Se você se disser que despertará agora, faça sua voz ficar alegre e animada, respire fundo algumas vezes, alongue-se e depois abra seus olhos; você estará bem. Para aqueles que gostaram das práticas e pretendem aprender mais sobre os canais sensoriais, os padrões de palavras da hipnose e muitas outras coisas legais, eu gostaria de recomendar os livros de Richard Bandler, John Grinder e Milton H. Erickson.

CAPÍTULO SEIS
ACESSO À IMAGINAÇÃO

Nossa imaginação costuma assumir as formas que conhecemos do mundo exterior. Eu poderia dizer "pense no mar", e o que você pensar terá uma forma, seja ela visual, sonora, táctil, ou seja lá como for. Na mágicka, espera-se que as pessoas imaginem várias coisas. Cores e luzes são visualizadas, imaginamos e projetamos signos e símbolos, recebemos mensagens internas, sonhamos que nos comunicamos com entidades como deuses, fantasmas, elfos ou antigos, e às vezes criamos mundos de sonho inteiros para explorar, viajando por eles em diversos estados de transe.

É bastante comum termos que imaginar energias, emoções, entidades, portais astrais, sinais de poder ou qualquer outra coisa, só para começar a trabalhar a visão e a mágicka, e essa conquista não é pequena. De acordo com nossa disposição individual, nós nos damos bem com alguns destes temas imaginados, e temos problemas com outros.

Como a esta altura você já deve saber, nós somos mais ou menos especializados em pensar certas coisas com formas sensoriais específicas, de forma que um pintor imaginará informação visual com facilidade, enquanto um músico pode achar isso difícil. Ao trabalharmos a mágicka, queremos que nossa imaginação seja a mais real e convincente possível. Talvez a "realidade" precise soar da forma correta, ou parecer clara o bastante, ou trazer a sensação certa para convencer você. Podemos assumir que ela fica mais "real" quanto mais sentidos acrescentamos à experiência.

Obviamente, isso significa que precisamos desenvolver os sentidos que temos mais dificuldade de imaginar. Em alguns casos, teremos até mesmo que os descobrir, como acontece com algumas pessoas que dizem, "mas eu nunca penso em imagens", porque não têm ciência disso.

No ano passado, uma das minhas amigas encontrou este problema. "Eu não consigo visualizar nada", ela disse, e olhando com mais atenção, descobrimos que ela realmente não conseguia, nem mesmo objetos simples recomendados pela tradição, como porcos azuis tendo *samadhi* na praia. (Vide Crowley, *Book IV*,[1] a respeito de Yoga.)

Eu sabia de algo que ela não sabia. Para começar, o pressuposto de que todas as pessoas que têm sentidos também usam todos os sentidos para pensar. Assim, foi assumido que o sentido visual estava ativo e vívido, não importando se a mente consciente reconhecia ou não este fato.

Atuar sobre esta hipótese é fácil, pois ela implica que tudo de que precisamos já está lá. O problema enorme de precisar criar um sentido totalmente novo se transformou na tarefa muito mais fácil de passar a ter consciência de um sentido que já existe. Ela tentou criar uma imagem e concluiu que não conseguia, o que levou a uma sensação de fracasso e incapacidade.

No entanto, quando eu fazia perguntas que exigiam memória visual, como por exemplo "como é a aparência de uma determinada planta? Onde está o objeto X na sua casa? Como você dirige para ir trabalhar?", as respostas mostraram que, em algum lugar da mente profunda, informações visuais estavam armazenadas, e podiam ser acessadas à vontade. O único problema era torná-la consciente disso.

Eu pedi que ela fechasse seus olhos. Então, comecei a falar lentamente, dando bastante tempo para ela.

Agora... eu quero... lhe pedir... para imaginar... o sentimento... que você tem... quando suas mãos... se movem... e tocam... a casca... de uma

1. N.T.: *Livro Quatro*.

árvore... e você sente... as mãos se movendo... a firmeza... da madeira... sua pele na árvore... uma sensação... tão especial... e forte... enquanto suas mãos... se movem... e exploram... toda a superfície... do tronco... a madeira firme... sólida... à sua frente... uma árvore... de verdade... com raízes profundas... indo tão fundo... dentro do solo... a terra rica... tão profunda... e acima... há galhos... se movendo... e folhagem... sussurrando... e talvez... você escute... o som do vento... nos galhos... nas folhas... se movendo... e sussurrando... e talvez... haja pássaros chamando... você escuta... e sente... o vento... movendo a árvore... suavemente... e você sente... essa árvore... à sua frente... a árvore inteira... você pode perceber... que você... já começou... a visualizar... a ver a árvore... com o olho da sua mente...

Bem-vinda à visão!

Você reconhece o padrão? Nós sabíamos que a imaginação visual percebida conscientemente não funcionava por conta própria. Então começamos usando outros canais sensoriais, e imaginamos o tato. Quando "sentir uma árvore" estava bem estabelecido, como eu pude perceber pelos pequenos sinais, como pequenos movimentos das mãos, respiração, tônus muscular e postura, seguimos para o sentido da audição. Quando o sentido acústico foi incluído, o sentido da visão, que estava faltando, chegou por conta própria. Isso aconteceu naturalmente, e bem antes que eu o mencionasse.

Alguns de vocês podem dizer que este tipo de visualização é induzido por sugestão hipnótica, que é uma palavra muito pesada para muitas pessoas que não a entendem. É claro que eu usei "hipnose", da mesma forma que todas as pessoas que contam histórias, descrevem eventos, escrevem cartas ou livros ou poesia. Você sentiu ou imaginou uma árvore ao ler essa indução? É claro que sim, mesmo que vagamente; você precisou imaginar (ou alucinar) uma árvore para entender as minhas palavras. Você está ciente de que "ler um livro" pode ser um estado de transe? O que você faz quando lê? O corpo faz muito pouco. Você move um pouco os olhos, o mesmo movimento regular e monótono, seguindo linha após linha dos mesmos símbolos enfadonhos. De tempos em tempos, as mãos viram uma página. Você pode ficar nisso por horas a fio sem perceber. Ler seria terrivelmente monótono se não fossem as alucinações que dão vida às palavras. Palavras, sejam elas lidas ou ouvidas, são vazias. Você precisa imaginar o que elas podem significar para que você e eu vejamos algum sentido nelas. Ao imaginar esse sentido, você dá vida a elas. Na verdade, elas podem parecer tão vividamente reais que você perde horas devorando um livro, completamente alheio ao fato de que seu corpo está fazendo tão pouco, ou de que ele está com fome ou sono... e se isso não é um estado de transe, eu não sei o que é. Sempre que você conta alguma história, seu público é obrigado a alucinar o que você está dizendo. Eles não podem experimentar exatamente o mesmo que você, e por isso extrairão sentido das suas palavras imaginando significado nelas. Se você falar bem, seu público ficará comovido pelo relato, mesmo que todas as suas experiências sejam criações só deles.

Se você for uma das pessoas que realmente quer melhorar a imaginação, experimente o método que usamos para evocar a visão da árvore. Quais experiências sensoriais você consegue imaginar melhor? Se você imaginar um córrego, por exemplo, você consegue escutar a água? Você consegue sentir o frio da água, o arrasto da correnteza, o ar fresco e úmido? Você consegue sentir o gosto da água? Você consegue sentir o cheiro da decomposição das plantas da margem? Você consegue ver as ondas passando, o brilho da espuma? Algumas dessas experiências serão fáceis de imaginar. Entre nelas – você pode amplificá-las se descrevê-las – e construa passo a passo uma representação completa.

Se você praticar este tipo de coisa por um tempo, ficará fácil. Um pouco mais de persistência e parecerá natural, e muito em breve você conseguirá fazer automaticamente. Isso significa que a sua mente profunda terá aprendido o processo, deixando sua mente consciente livre para aprender algo novo.

Alguns reclamam que embora consigam ver com a imaginação, a visão parece pálida, ou rasa, ou difusa. Um bom exemplo vem da arte da projeção astral. Na projeção astral, nós viajamos em um corpo imaginado (seja humano ou de outra natureza) por uma realidade imaterial, um mundo de sonhos criado e mantido pela mente profunda. De certa forma, podemos dizer que o viajante astral está em uma jornada pela própria mente profunda. Normalmente, o processo começa ao construirmos uma visão de um pórtico, uma entrada ou um portão. Este pórtico é imaginado com muitos detalhes. Imaginamos sua aparência e sua sensação ao toque, e passamos um bom tempo fazendo ele ser real. Na teoria, o próximo passo é simples. Imaginamos que estamos à sua frente. Abrimos a porta e caminhamos para o mundo por trás dela. Qual é o cenário da porta?

O batente da porta se conecta com alguma coisa, assim como o chão. Se nos dermos tempo, podemos descobrir toda uma realidade, desenvolvida a partir de alguns detalhes mínimos. Mundos imaginários também costumam se tornar mais reais quando começamos a explorá-los. Vagar por eles é uma boa forma de sintonizar as partes da mente profunda que eles representam. Outra boa via de acesso à imaginação é a memória. Muitas pessoas que não conseguem construir imagens conseguem lembrar delas com facilidade. Digamos que você queira imaginar algum símbolo ou sigilo, radiante e brilhante, desenhado com a varinha com linhas de fogo. Uma forma de se habituar com o símbolo é desenhá-lo ou pintá-lo em uma folha grande de papel, para que ele possa ser estudado pelo tempo que for necessário. Se quiser imaginar este símbolo, você não precisa construir a imagem na sua mente, pois você pode lembrar como ela é. Essa técnica é às vezes usada para formas-deus. Uma forma-deus é uma imagem de um deus que gostaríamos de contatar. Tradicionalmente, você começa estudando o deus escolhido, lendo todas as lendas e mitos em que consegue pôr as mãos, pintando quadros daquela divindade, descobrindo quais aspectos da natureza aquela divindade representa e quais energias e estados de consciência estão associados a ela.

Usando nossas pinturas mágicas, começamos a colocar a consciência na direção certa. Meditamos sobre a forma, cores, postura, atributos, seja olhando para a imagem com uma mente vazia, seja falando, chamando, invocando ou fazendo música. Todas estas opções libertam energia emocional, que é concentrada e coletada pela imagem.

Em seguida, passamos da pintura manifesta para a imagem que temos em nossas mentes. Lembramo-nos da aparência de nossa pintura. Não importa se você sabe pintar – faça isso mesmo assim. Para pintar a imagem de um deus, você precisa olhar com muita atenção para todas as imagens que a tradição produziu, e essa é uma prática excelente, pois garante que você realmente verá a forma, não importa o quão estranha a sua pintura possa vir a ser. Quando você conhecer a aparência de seu deus, você poderá construir uma representação muito sólida na sua imaginação.

Usando oração ou invocação, você pode chamar pela sua divindade, e quando estiver sintonizado com sua natureza, você poderá ver que a corrente começa a fluir, a imagem ganha vida, como se você tivesse provido à senciência um corpo para se manifestar. Quando você se acostumar com a imagem, sinta-se se à vontade para se fundir com este deus, assumir sua forma e permitir que ele coabite, inspire e obceque você. Você perceberá que a pintura que você pintou, não importa quão boa ou ruim, torna-se o elo entre uma forma tradicional e uma imaginada. A pintura certamente não é o deus em si, mas usando-a como uma conexão, podemos permitir que a senciência divina entre em contato conosco.

Isso pode ser dito sobre todas as imagens antropomórficas dos deuses. Um deus do fogo, como Loki, pode ser essencialmente chamas, mas todos nós sabemos que é bem difícil estabelecer comunicação com um fogo. Se quisermos nos comunicar com Loki, unindo-nos a ele/ela, veremos que é bem mais fácil fazê-lo usando a forma antropomórfica. Você entenderá que o fogo é uma força da natureza. A forma humana, como a criamos e percebemos, é

ACESSO A UMA ÁRVORE

uma conveniência para tornar a identificação e a união mais fáceis. Devemos nos lembrar que isso é uma máscara.

Se você pretende trabalhar com formas-deus, invoque várias delas. O monoteísmo costuma produzir magistas muito desequilibrados. Cada deus que contatarmos estará ligado a outro aspecto de nosso ser, ainda que subconscientemente.

Outro ponto interessante é que você precisa ser congruente com o deus que você invoca. Se você quiser desenvolver o lado agressivo do seu caráter, invoque um deus marcial, como Hórus, Marte, Ares, Tiu, Nergal ou Tezcatlipoca (a divindade guerreira dos astecas, e o assassino de Quetzalcoatl), e faça isso com poder, paixão e selvageria, pois divindades marciais não respondem a magistas que se ajoelham, que se curvam, pedem desculpas e tentam se diminuir. Temos que ser como os deuses que desejamos descobrir em nós mesmos. Se você tornou-se agressivo o bastante para ser real para Marte, você pode ter certeza que a parte de você com a qual você fez contato mostrará a você várias formas de ser ainda mais agressivo, e de uma forma saudável.

O que as portas astrais e as formas-deus têm em comum?

Em ambos os casos, nossa mente consciente criou uma imagem e dedicou muito tempo e esforço para que ela fosse a mais detalhada, sólida e convincente possível. Cerca de uma década atrás, eu comecei a contatar minha primeira forma-deus, Anúbis, o chacal, que viaja pelos portões e passagens e carrega os falecidos para o outro mundo. Primeiro eu pintei uma estela, mostrando Anpu no tradicional estilo egípcio, sentado e de perfil. Em seguida, houve um momento de invocação e cerimônia, para carregar a pintura com muita paixão e poder, a energia para fazer a mágicka funcionar.

O que se seguiu foi trabalho com a imaginação. Sempre que eu tinha um momento livre, eu me lembrava da pintura na estela e a imaginava da forma mais clara e vívida que conseguia. É fácil fazer uma pintura imaginada ser mais atraente do que uma manifesta. Podemos aumentar o tamanho, aproximá-la, acrescentar cores luminosas, etc. O que você espera de uma visão realmente atraente? Você gosta de contrastes destacados, radiância, brilho intenso ou uma luminosidade suave? A sua percepção muda quando você varia o ponto de vista e vê a imagem de baixo, de lado ou de cima? Some a isso um sentimento de admiração e uma voz interior cantando e entoando os nomes do deus. Logo a imagem estará pulsando de vitalidade.

Um dia, enquanto eu estava andando de trem, aconteceu. A imagem ficou muito vívida na minha mente, e como eu estava em um trem, não em um templo, pode-se considerar que eu estava sentindo muito pouca "ânsia de resultado". Subitamente, o outro lado assumiu. Anúbis do deserto virou sua cabeça escura e olhou para mim com olhos que fulguravam com o fogo congelado de Sothis. Um calafrio percorreu meu corpo, e comecei a suar. A imaginação havia ganhado vida.

Ao trabalhar com projeções astrais, formas-deus, formas animais, formas de árvores, metamorfose, criação de feitiços e diversas formas de divinação, começamos criando uma imagem. Quando trabalhamos bem, enchendo essa imagem com a energia e a senciência corretas, a imagem torna-se uma mensagem, que toca algo profundo e poderoso dentro de nós. Fontes de energia para este estágio são invocação, oração, anseio profundo, crença religiosa, um mantra, música, canto, sexo, dança, oferendas de nossa energia, de secreções corporais, ou o sacrifício de flores, comida ou sangue. Então, as partes relevantes de nossa mente profunda despertarão e farão a imagem ganhar vida. Às vezes é bom lembrar que nossas mentes conscientes são bastante incapazes de prever como é a atividade da mente profunda. Há muita diferença entre o que imaginamos com nossa mente consciente e o que a mente profunda pode fazer, usando uma imagem como essas como canal de comunicação.

Algumas pessoas acreditam que "os deuses" são mais do que só imaginação. Se você enxerga os deuses como seres exteriores e independentes de você, você tem razão, pois eles certamente estão fora e são independentes do seu ego. Se você os vê como forças abstratas ou naturais, você também tem razão, pois todas as formas humanas que inventamos para eles são convenções. Um deus solar, por exemplo, é solar em energia e senciência. Chamar uma divindade solar de "masculina" ou "feminina" não reflete nada além de nossas crenças culturais sobre como é esperado que mulheres e homens se comportem. Novamente, há quem argumente que os deuses são expressões de diversas partes de nossas mentes profundas, que normalmente não são reconhecidas pelo ego. Isso não é muito surpreendente, pois o ego reconhece tão pouco. Quando os deuses se manifestam, eles o fazem por meio de nossos sentidos, através de nossas mentes, pelos nossos sistemas nervosos, e isso implica que aquilo que percebemos deles é processado através de nosso próprio sistema. Não conseguimos dizer se os deuses são partes desse sistema ou se eles nos contatam através dele; e, para todos os efeitos práticos, essa pergunta pode ser respondida como lhe convier.

No fim das contas, todo *self* se conecta com todo *self*, portanto, é bom considerar "deuses", "fantasmas", "espíritos", "demônios", "anjos", "totens", ou seja lá o que for como for mais conveniente para nos comunicarmos com aspectos de nós mesmos, nosso todo-*self*, não importando o que eles são "de verdade". É claro que devemos evitar aceitar qualquer fragmento de ilusão como uma manifestação genuína de alguma entidade espiritual. Espíritos podem, e devem, ser testados, como Crowley tanto insistia. Se você quiser saber se algum deus ou espírito animal é genuíno (ou seja, inspirado por força e consciência além do ego), observe como seu ego reage a ele. Se ele ficar inchado de orgulho, ilusões de grandeza ou a habitual e morna "sabedoria cósmica", pode ter certeza de que o "ser" que você percebe é produto da sua ilusão. No entanto, se você vir sua imaginação sendo imprevisivelmente transformada e seu ego se sentir desconfortável ou incomodado, você está indo bem: o desconforto da sua identidade consciente é um bom sinal de que o "ser" que você evocou é consideravelmente mais poderoso do que o ego. Deuses de verdade, ou feras, ou espíritos, podem transformar o ego; isso é parte do trabalho deles e da nossa mágicka, e é claro que o ego se sentirá um tanto indisposto sobre isso. Outro bom sinal é aprender algo novo e útil, e descobrir aspectos de você mesmo que fossem até então desconhecidos ou problemáticos. Pode não haver prova objetiva, mas pelo menos você pode ter certeza de que algo de bom está acontecendo.

Quando lidamos com as visões que construímos conscientemente, ainda estamos em águas bastante seguras, mas quando a mente profunda se desdobra na consciência, libertando todo tipo de coisa, desde pura inspiração até horrores suprimidos e há muito esquecidos, você pode precisar de um bom método para lidar com o transtorno.

Os magos da antiguidade tinham bastante ciência deste problema. Em vez de curar e integrar as partes dolorosas, eles não hesitavam em taxá-las como "demoníacas". Desta forma, eles criavam um modelo de realidade que inclui forças "boas" e "ruins" lutando pelo controle, com o ego "estúpido" como o único juiz entre elas. Hoje em dia, os magistas estão começando a descobrir que a libertação de visões perigosas possui uma ótima motivação, e que mesmo o pior "demônio" das profundezas está tentando fazer o seu melhor pelo sistema como um todo. Quando a mente profunda liberta algumas visões horrendas, ela o faz para que você possa aprender a lidar com elas. Podemos aprender métodos de lidar com coisas perigosas sem sermos completamente oprimidos por elas.

Na mágicka ritual, há uma prática chamada "banimento", que permite que nos livremos de ou passemos a controlar essas coisas perigosas, e outra prática chamada "invocação", que nos permite contatar o tipo de coisa que queremos. As duas estão intimamente ligadas. No ritual, começamos banindo nossos problemas cotidianos e todos os pensamentos que possam interromper ou perturbar nosso transe ritualístico. Passamos então a invocar todas as forças e senciências. Na projeção astral, banimos nossa consciência do nosso corpo e do mundo ao nosso redor. Então, invocamos o mundo dos sonhos à nossa escolha. Com formas-deus e similares, nós banimos nossa identidade humana. Então, invocamos a senciência divina para coabitar conosco durante o trabalho, e para alterar e curar nossa identidade, de dentro para fora.

O mesmo mecanismo de banimento e invocação pode ser usado para fazer nossas visões serem mais fáceis de lidar. O que precisamos é de algumas memórias agradáveis e algumas desagradáveis com as quais experimentar. Estudantes de Programação Neurolinguística (PNL) talvez estejam familiarizados com o exercício a seguir.

Exercício dois – banimento e invocação

Quando nos deparamos com uma determinada visão (que pode ser construída ou recordada), temos basicamente duas opções. Uma forma de perceber a cena é entrar nela, experimentando-a como se estivesse acontecendo com você agora mesmo. Neste tipo de visão, você olha com seus próprios olhos, sente com seu corpo, ouve com seus ouvidos; você está completamente envolvido no evento. Em PNL, essa perspectiva é chamada de "consciência associada", pois você está plenamente dentro da cena. A outra escolha é a chamada "consciência desassociada", o que quer dizer que você não faz parte da cena. A percepção desassociada acontece quando você percebe uma cena como se estivesse fora dela, observando o evento e a você mesmo nele, a partir de outro ponto de vista. Se você se lembra de um evento desta ou de outra suposta vida, você pode revivê-lo como se estivesse acontecendo com você agora, ou pode se ver atuando na cena, e essa sutil diferença pode ter mais efeitos sobre a sua experiência do que você imagina.

Há quem defenda que a percepção associada é mais "real" do que a percepção desassociada, pois você obviamente não experimenta a situação original se estiver fora de você mesmo. Este é um argumento muito dúbio. Memórias são constructos. Os dois tipos de perspectiva podem ser alterados para fazer as memórias e visões mais fáceis de se lembrar, como for adequado às informações com as quais estivermos trabalhando.

Escolha uma memória *moderadamente* desagradável. Não comece com nada traumático, só alguma cena na qual você se sentiu infeliz. Você não quer realmente lembrar dela? Esse é um ótimo sinal. Você encontrou o material certo para trabalhar. Examine essa memória. O conteúdo não é nem de perto tão importante quanto a forma como você se lembra dela. Como você se lembra dela? Você está dentro da cena ou a está observando pelo lado de fora? Tente entrar na memória. Associe-se com a cena, reviva-a, como se ela estivesse acontecendo com você agora mesmo.

Quando tiver se recuperado, repita o exercício. Dessa vez, experimente a cena com alguma desassociação. Imagine que você está sentado em algum lugar na fileira do fundo de um cinema. As luzes se apagam e a cortina se abre. Agora sua memória está sendo mostrada na tela. Sentado na sua poltrona, você se vê atuando na tela. Qual é a sensação? Você consegue apontar a diferença? Se você achar mais tolerável, você está indo bem. Você pode fazer ficar mais fácil fazendo a tela ficar mais distante, ou menos, ou deixando as cores mais apagadas, deixando o filme em preto e branco, mudando sua velocidade ou colocando outra trilha sonora. Experimente até perceber que você consegue se lembrar de todo o evento sem se sentir chateado.

Fique à vontade para experimentar. Agora tente o mesmo mecanismo com alguma memória feliz. Escolha um evento agradável. Comece com desassociação. Veja você mesmo atuando na cena. Qual é a sensação? Depois repita a mesma cena, com associação plena. A cena está acontecendo com você, desta vez. O que você sente, vê e escuta? Qual é a diferença?

Quando você tiver experimentado um pouco, você reconhecerá que a diferença é importante. Um resultado típico de percepção desassociada é que ela torna muito mais fácil lembrar de memórias perigosas, e as torna muito mais toleráveis. "Quando eu me lembro de uma crise com a consciência associada, a dor e o horror me oprimem, exatamente como aconteceu na ocasião, e eu me perco neles. Quando me lembro usando a forma desassociada, acho mais fácil, como eu sei que tudo aquilo já passou, e que eu não sou mais aquela pessoa."

Isso, por si só, já é uma habilidade muito útil. Com boas memórias, o oposto se aplica. Ver a si mesmo no ato de fazer amor pode parecer absurdo ou estranho. Podemos ter algum sentimento a respeito do ato, mas não sentiremos o que sentimos originalmente. É bem diferente quando nos lembramos do evento em plena associação. Você consegue entrar na memória, sentir como se sentiu, ver como viu, ouvir como ouviu, sentir gostos e cheiros da mesma forma que sentiu quando o evento ocorreu? Dessa forma você conseguirá acesso irrestrito a toda a alegria e desejo e paixão, fazendo com que a memória seja quase tão agradável quanto o evento em si.

Algumas pessoas usam esse padrão automaticamente. Com as minhas primeiras experiências drásticas de vidas passadas, minha mente profunda costumava mudar a visão e meu ponto de vista sempre que as coisas estavam muito difíceis para mim. Outros aplicam os padrões errados, automaticamente. Há pessoas que se lembram de coisas boas com desassociação, o que produz memórias vagas e pouco convincentes, enquanto associam totalmente com memórias de dor e horror. Em seus mundos, as memórias boas não contam, e as ruins são a própria substância da realidade. Como Richard Bandler demonstrou, podemos aprender a associar com visões agradáveis e a desassociar com coisas horríveis. Isso não quer dizer reprimir aquelas experiências. Mesmo memórias terríveis têm seu valor. Desassociá-las significa desassociar os sentimentos ruins que vêm com elas. Queremos manter a informação delas pronta para uso, o que fica muito mais fácil quando elas não nos oprimem. Se você se der ao trabalho de reproduzir uma dúzia de memórias diferentes, usando percepção associada e desassociada como quiser, sua mente profunda terá aprendido o padrão e irá aplicá-lo habitualmente. Você se lembrará automaticamente das cenas como quiser que elas sejam.

Quando experimentamos eventos que nos perturbam, é sábio desassociá-los desde o princípio. Às vezes é bom ficar ao lado de si mesmo, e dar umas boas risadas sobre a situação. Quando alguém for desagradável com você, você pode lidar com isso cumprindo os papéis habituais, isto é, defesa, contra-ataque, ou tentar manter-se distante ou em superioridade. Você também pode fazer deste evento uma oportunidade de fazer algo novo. Quando você finge ser outra pessoa, o ataque não dói tanto – e você pode se ver respondendo de novas maneiras. Como seria a cena se você não fosse você mesmo, e sim, digamos, um etnólogo em visita, um gênio maluco, uma entidade maligna ou um bobo da corte? Você consegue imaginar o seu agressor com uma roupa de palhaço? Você consegue fazer isso durante o evento? Nós não precisamos esperar um evento acabar para mudarmos nossa memória dele. Que espécie de memória este evento renderá? É um momento que vale a pena viver, uma memória que vale a pena guardar? Como este evento mudará quando você pensar na memória que ele gerará e, então, mudá-la? Você consegue imaginar o que você se lembrará deste evento daqui a dez anos... e o que você acha dele agora?

No ano passado, eu estava explorando a simples arte de tomar decisões. Em uma tarde, me deparei com uma encruzilhada no bosque. Eu tinha duas escolhas básicas. Uma seria continuar no mesmo nível, andando para o prado; a outra seria subir diretamente, rumo ao santuário no topo da montanha. Antes mesmo que eu me desse conta, eu havia escolhido ir para o prado, o que é um pouco incomum para mim. Então eu parei e voltei atrás mentalmente. Como a minha mente profunda representou as duas escolhas para mim?

LOKI, DEUS DO FOGO

Cada escolha foi representada por uma visão interior, com um pouco de diálogo interior, e o sentimento produzido foi o sinal que fez a escolha. Como o processo aconteceu tão rapidamente, eu nem cheguei a ver com clareza essa visão, e então voltei para examinar as representações com mais calma.

A "jornada montanha acima" era uma imagem da montanha, toda velada em névoa e melancolia, vista bem de cima, de forma que as árvores pareciam todas iguais. Eu era um ponto minúsculo caminhando pela escuridão, visto de muito longe. A estrada dessa figura microscópica era indefinida, um caminho íngreme por entre árvores uniformes, uma jornada desesperançada, sem começo nem fim.

A "caminhada pelo prado" era representada com muitos detalhes. Eu imaginei o que sentiria ali. O rico verde das folhas, nuvens de neblina flutuando por entre as árvores, a sensação da grama úmida, gotas de orvalho reluzindo nos fungos das árvores, dedos tocando cascas de árvore úmidas, teias de aranha entre as flores de milefólio. Estando plenamente dentro da visão, eu pude perceber uma grande quantidade de detalhes e surpresas. Eu havia tomado minha decisão ao avaliar duas representações visuais das escolhas que eu tinha. Como o processo foi tão rápido, eu estava muito pouco consciente das diferenças entre as representações, acreditando que eu havia apenas "pensado na montanha e no prado", e que tinha tido "uma sensação de que gostaria muito mais do prado".

Não é surpreendente que uma visão associada, vívida e detalhada, cheia de alegria e beleza, levante sentimentos melhores do que uma vista difusa e sombria, mostrando um minúsculo tolo lutando para subir a montanha, sem objetivo. Minha mente consciente acreditou que havia escolhido, mas as escolhas foram preparadas para fazer uma parecer muito mais atraente do que a outra. Minha mente profunda havia tomado a decisão e, como eu estava me sentindo bastante fraco e preguiçoso naquele dia, foi uma boa escolha.

Quando você tomar sua próxima decisão, não importa o quão insignificante ela possa parecer, examine como você representa as suas escolhas. Você tem certeza de que já não fez aquela escolha há muito tempo?

Eis uma das formas pelas quais jovens amantes caem em êxtase. Ao longo de todo o dia, eles sonham com visões maravilhosas, vendo-se ao lado de seus amados. Se essa visão for grande, vívida, detalhada, colorida, próxima, ela logo parecerá consideravelmente mais atraente do que o mundo ao redor. O truque está em criar um devaneio maravilhoso, frequentemente em percepção desassociada, e entrar nele (percepção associada) para conseguir acesso total a todos os sentimentos bons. Isso liberta um forte sentimento de felicidade, que nos estimula a sonhar mais, e a ter visões ainda melhores. Neste processo, os jovens amantes logo ficarão tão encantados uns com os outros que poderiam estar vivendo nas nuvens.

Estar infeliz no amor pode ser bem similar. Uma possibilidade é que os sonhos de realização sejam sonhados, exatamente como em uma boa relação, mas o sonhador não ouse entrar neles. Uma visão maravilhosa é criada, mas como o apaixonado (ou apaixonada) não se associa com ela, o prazer não é sentido, e o resultado é tristeza.

Como você reage quando lê "eis aqui um novo experimento"? Você imagina um novo experimento como algo interessante e agradável, ou como uma visão enfadonha e tenebrosa, e depois decide que "esse experimento parece sem sentido"? Como soa a sua voz interna quando você apresenta alternativas? Você consegue propor algo chato com uma voz que faça parecer realmente fascinante, ou fazer uma coisa maravilhosa soar completamente tediosa?

Há pessoas depressivas que fazem exatamente as mesmas coisas que pessoas entusiasmadas, só que ao contrário. Elas começam considerando uma nova ideia. Isso significa que elas representam a ideia na imaginação, pois a ideia exigirá uma forma de avaliação. Em seguida elas constroem uma visão realmente horrorosa, que mostra elas mesmas não aproveitando, sentindo-se mal ou sofrendo. Quando elas têm uma representação convincente de tudo que pode dar errado e feri-las, elas entram na visão e conseguem um acesso incrível a todas as sensações horríveis, e depois sentem-se tão mal que não aceitam a nova ideia de jeito nenhum.

Um dos motivos pelos quais pessoas depressivas acham tão difícil fazer alguma coisa pelo seu próprio bem é que elas não conseguem imaginar nada que poderia fazer bem a elas. Nestes casos, quando todo pensamento é negativo, a melhor escolha pode ser fazer alguma coisa, não importa o que. É claro que o processo é muito rápido. Nós estamos vivendo com nossos cérebros há anos e mais anos, e achamos pensar em algumas coisas tão fácil que nem percebemos que estamos pensando nelas.

Podemos usar um processo similar para mudar nossas mentes. Comece se imaginando como x (considere que x é qualquer coisa que você queira ser!). Faça essa imagem ser grande, brilhante e atraente. Traga ela para mais perto de você. Entre nela. Como é a sensação de ser x? Agora crie a próxima imagem de você mesmo, sendo ainda mais x. Repita o processo até que se sinta satisfeito. Para aqueles que acham essa fórmula abstrata demais, aqui está o mesmo processo, da forma como o recebi durante um sonho.

Meu sonho de ser x

Às vezes eu me flagro chafurdando em pensamentos enfadonhos, mórbidos ou contraproducentes, e o moinho do meu pensamento recusa-se a parar.

1. Eu reconheço que quero mudar de ideia, pois insistir nesses pensamentos não vai ajudar.
2. Eu paro de fazer o que quer que estivesse fazendo enquanto estava cismado com essas ideias. Neste exemplo, eu estava andando. Eu paro e observo. Este espaço é o ponto A.
3. Primeiro eu observo meu estado mental interno. No que eu estou pensando? Como eu me sinto? Como é o som da voz

interna? Qual é o meu estado mental? Como está o meu tônus muscular? Qual é a minha postura? Como estou respirando? Nesta etapa, eu me associo com minha experiência interna.

4. Em seguida, minha atenção se move para fora. Eu me associo com a experiência externa. Exatamente onde eu estou? Como é o cenário? Como está o tempo? Sem sair do lugar, eu construí uma boa representação do mundo ao meu redor.
5. Primeiro, o mundo interno foi sentido. Depois, o mundo externo foi sentido. Agora eu giro no lugar e dou um pulo para trás.
6. De pé no novo ponto (ponto B), eu olho para a frente, para o ponto A, onde eu estava momentos atrás. Agora, imagino que consigo me ver parado ali, exatamente como estava momentos atrás. Sem dúvida, essa figura não parece estar muito bem.
7. Eu começo a mudar essa visão (desassociada) de mim mesmo. Eu me vejo parado no ponto A, e melhoro a visão. Eu posso imaginar que a postura melhora, que a respiração agora está fluindo melhor, que meus músculos relaxam. E assim eu construo uma visão de como eu pareceria estar caso estivesse muito mais feliz. Às vezes eu mudo a expressão facial dessa imagem de mim mesmo, e às vezes eu acrescento uma aura de alguma cor radiante. Quando eu quero andar em um mundo de mágicka, eu rodeio a visão com as imagens de fantasmas, deuses e espíritos. Eu faço essa visão ser boa, clara, vívida e muito atraente.
8. Quando ela fica bem estabelecida, eu respiro fundo, giro no lugar, e pulo para a frente, no ponto A, e entro na visão.
9. Me tornando aquela visão, eu consigo um bom acesso ao novo estado mental. Eu começo a andar rápido, entrando neste novo mundo.

Depois de ter saltado para a visão, ou a abraçado, você deve sentir uma forte mudança na sua consciência. Não a analise – analisar alguma coisa é desassociar-se dela – mas desfrute-a por algum tempo, antes de decidir se você precisa de outro salto mutacional.

Uma abordagem das cores

As cores serão apenas brevemente mencionadas, porque há muitas delas. Há diversas teorias que tentam relacionar cores com estados de consciência. Ciganos supostamente pintam o canto de dormir de seus trailers com um roxo escuro, que supostamente faz o sono descansar mais. Camarins de teatro normalmente são pintados de verde claro, com a intenção de acalmar os nervos dos atores. Expoentes das artes marciais usam um transe em que imaginam um cômodo ou espaço vermelho escuro. Dentro deste espaço, eles se visualizam praticando ou lutando. Quando a visão é clara e definida, eles associam e experimentam a si mesmos em ação, saltando, atacando e chutando, em uma nuvem brilhante de luz vermelha. O espaço vermelho representa a disposição do exercício, e a disposição em que eles podem estar quando realmente necessitarem de suas habilidades.

Certa vez eu li sobre uma cela de "ficar sóbrio", que estava sendo testada em presídios americanos. A cela era pintada com algum tom horrível de rosa, e supostamente deixaria os bêbados violentos sóbrios – ou atordoados – em minutos.

Na mágicka, as cores são importantes. Frequentemente, quando queremos imaginar energias abstratas, isso é feito visualizando campos, espaços, correntes ou raios de luz colorida. Uma das técnicas clássicas de banimento usa um campo de luz. Este é irradiado em todas as direções, até que todas as influências negativas tenham ido embora ou se afastado até uma distância segura. Dar à luz uma cor muda seu significado. Quando você pinta cômodos, símbolos, estelas, sigilos ou afins para a sua mágicka, você provavelmente quer usar cores congruentes com as forças e estados de consciência que pretende invocar. A forma normal de escolher as cores corretas parece ser a abordagem intelectual. O mago compelido pelas palavras mergulha em uma pilha de literatura mágica e psicológica, e finalmente decide usar uma lista tradicional de correspondências que deveria satisfazer a todos. Este é um caso em que a mente consciente tenta descobrir o que alguma coisa pode significar para a mente profunda. Se você for muito sortudo, você pode quase estar certo.

É claro que algumas cores têm significados similares para a maioria das pessoas. Enquanto nós trabalharmos e vivermos durante o dia, a luz terá um significado diferente da escuridão. A conexão do vermelho com sangue, ou do branco com a idade, é bastante comum.

Por outro lado, há diferenças. Pessoas têm cores favoritas; por exemplo, uns gostam de vermelho, outros vicejam com verde, e outros acham xadrez realmente divertido. Algumas dessas diferenças vêm da história pessoal. Se você tiver medo de se afogar, o profundo verde azulado do mar provavelmente não será muito relaxante para você. Há também as diferenças de intensidade. Alguns acham benéfico rodearem-se de uma esfera de luz branca e clara. Você consegue imaginar isso? Qual é a sensação? Faça o branco ficar mais brilhante. Existe um limiar, um ponto a partir do qual a imagem se torna desagradável? Você consegue imaginar uma cor que seja agradável, e depois aumentar a sua intensidade até ela ficar opressiva? Ou tente o oposto. Imagine uma cor ou luz brilhante ao seu redor, e depois faça ela esmaecer. O que acontece com a sua consciência e com sua resposta emocional? O que acontece quando você torna uma memória mais colorida, ou quando deixa ela perder a cor?

Outra grande gama de possíveis diferenças vem da cultura. O branco pode ser a cor da espiritualidade pura no ocidente. Na china, pessoas enlutadas vestem branco, e usar uma flor ou ornamento branco no cabelo é tido como de mau agouro. Algumas religiões orientais chegam até mesmo a imaginar "o vazio" como branco, enquanto a maioria dos ocidentais costuma imaginá-lo como preto. Os "poderes de cura da luz branca", vendidos por incontáveis pensadores positivos para seus aprendizes zumbis na Europa e na América, podem perturbar profundamente um chinês cuja mente profunda contenha a crença de que o branco conecta com a morte e com o vazio. É claro que eu não negaria que a luz branca é capaz de curar, desde que o branco signifique "cura" para você.

Como descobrimos o que as cores significam para nós? No velho aeon, um dito mestre decidiria o que as cores significavam. Estas inspirações passariam então a ser consideradas válidas para todas as pessoas; para o mestre, elas eram válidas e funcionavam. Para os ávidos seguidores do mestre, as coisas não eram tão fáceis assim. Aqueles cujas mentes se assemelhassem à do seu mestre provavelmente conseguiriam bons resultados usando o mesmo código de cores, e continuariam a tradição com seguidores também similares a si. Àqueles que não conseguissem fazer o código funcionar, provavelmente era dito que a culpa era toda deles. O que eles realmente precisavam era de uma tradição mais adequada à sua natureza, e na qual todos pudessem desenvolver seus próprios métodos. As tradições que se danem: você é único!

Exercício três – o que as cores podem revelar

Aqui vão alguns experimentos que podem revelar o que as cores significam para você.

1. Este é para as pessoas que conseguem imaginar cores com facilidade. Fique confortável e entre em um estado de transe suave e relaxado. Imagine uma cor. Foque nela, fale sobre ela em sua voz interior, sinta-a como se ela tivesse substância, textura e densidade. Imagine que você está cercado por essa cor. Faça a experiência ser a mais vívida que você conseguir. Como você reage à cor? Que ideias lhe vêm à mente? Como você se sente? Que emoções se manifestam? Quando e onde, exatamente, essas emoções podem lhe ser úteis? Quando estiver satisfeito, deixe a cor evaporar. Respire fundo e abra seus olhos. Isso funciona de forma bem parecida com o sino no ritual: marca o fim de uma unidade e o começo da próxima. Feche-os novamente e experimente a próxima cor.

2. Alguns acham isso mais fácil se feito como uma projeção astral. Imagine que você está de frente para uma porta. A passagem é velada por uma cortina grossa de pano, que é da cor sobre a qual você quer aprender. Não se apresse. Olhe para a cor, sinta o tecido, ouça-se falando daquela cor. Diga a você mesmo que existe todo um mundo naquela cor, e que você quer entrar nele através da cortina. Quando estiver pronto, abra a cortina e atravesse. Pode ser que você precise de diversas portas e cortinas antes de chegar no mundo da cor, o mundo que a sua mente profunda criou para representar o significado da cor para você. Quando houver aprendido o bastante, volte por onde você veio e não deixe de fechar as diversas cortinas ao sair.

3. Agora vamos experimentar com memórias. Em seu transe leve, feche seus olhos e escolha uma memória recente, que ainda esteja fresca na sua mente. Use percepção associada. Lembre-se com bastante cuidado. Escolha uma cor. Agora reviva aquela memória, dando a ela aquela cor. Você pode imaginar que está enxergando através de lentes coloridas, que o lugar ou o evento está iluminado por fortes luzes coloridas, ou que o próprio ar tem cor.

   Quando tiver repassado toda a memória com aquela cor, dissolva-a, abra e feche seus olhos, e repita usando outra cor. Você perceberá que o humor da memória muda. Algumas cores encaixam-se com algumas memórias, enquanto outras fazem a cena parecer irreal. Experimente com diversos tipos de memória, e faça anotações. Experimente uma memória infeliz. Quais cores podem fazê-la parecer absurda, permitindo que você desassocie o impacto emocional? Quais cores fazem você se sentir indiferente, quais fazem você se sentir melhor?

   Lembre-se de uma operação mágica da qual você tenha gostado. Quais cores aumentariam sua radiação? Lembre-se da sua própria aparência. Como você se pareceria se estivesse cercado de uma aura de várias cores? Associe com a visão, e descubra vivendo.

4. Descubra na vida cotidiana. Como a sua consciência muda quando você imagina alguma radiação/aura colorida ao redor de si? Para que serve cada cor?

5. Experimente com detalhes finos. Quantos tons de cada cor você consegue imaginar? Quais graduações animam você, quais te acalmam, e quais são úteis no dia-a-dia?

CAPÍTULO SETE
IMAGINAÇÃO E ORAÇÃO

Você pode ter aprendido que a sua consciência pode ser alterada quando você desvia a atenção de um canal sensorial para outro. Você pode ter percebido que pode narrar sua experiência, e a modulação da sua voz, bem como o tempo, ritmo e ênfase podem alterar essa experiência, levando a todo tipo de estados de consciência interessantes. Para alguns de vocês, essa pode ter sido uma descoberta surpreendente. Todos nós aprendemos a falar e ouvir. Também aprendemos, por algum motivo obscuro, a prestar muita atenção no sentido das palavras e a desconsiderar a forma como são ditas. Pouquíssimas pessoas em nossa cultura prestam atenção à modulação da fala, o que me parece um grande desperdício de informações válidas. Estudos sobre os mecanismos do cérebro indicam que há diversos tipos de informação envolvidos nas mensagens faladas. Algumas partes do cérebro (normalmente no hemisfério esquerdo) são boas em entender o significado das palavras, enquanto partes do outro hemisfério respondem a tempo, modulação, tom de energia, e assim por diante. Em muitas pessoas, essa divisão da compreensão está alinhada com o funcionamento consciente e inconsciente. Em nossa cultura, a maioria das pessoas aprende a focar informação em significados, em conteúdos (este é o "o que"), enquanto desconsideram a forma da transmissão da mensagem (o "como").

Considere oração e invocação. Um erro comum é lidar com a invocação da mesma forma que você teria uma discussão razoável.

As palavras precisam estar certas. Os nomes de poder devem vir de alguma fonte genuína. Nomes divinos – e só os corretos – são lidos ou recitados. É comum querermos que tudo seja tão perfeito que o simples ato de falar se torna uma tarefa realmente difícil. A solução para isso é escrever as invocações e memorizá-las, se não formos já começar com uma oração clássica, algumas palavras exaltadas em egípcio antigo, sumério, protocéltico ou islandês medieval.

Tudo isso soa impressionante. Não são as palavras tradicionais que fazem a mágicka acontecer? Não há um poder incrível nos antigos e supostamente genuínos nomes dos deuses? Eu ouvi algumas bruxas dizendo que qualquer um que não conheça os seus verdadeiros e tradicionais nomes dos deuses não pode ser uma bruxa ou bruxo genuíno, pois apenas os nomes verdadeiros e (evidentemente) secretos possibilitam contato genuíno com os deuses verdadeiros e genuínos. Eu ouvi jovens Wiccanos recitando longas listas de nomes de deuses para "acumular poder" (mais nomes para acumular mais poder), não importando que eles não entendessem um terço do que estivessem chamando. E os métodos clássicos?

O melhor tipo de magista praticante (os que realmente praticam) aprendeu há muito tempo que uma invocação, mesmo que o significado esteja correto, não tem tanto valor se for proferida com uma modulação enfadonha ou cotidiana. Membros da Ordem Hermética da Aurora Dourada *et al* desenvolveram uma forma sonora e dramática de "vibrar as palavras". Para entrar no clima certo, o mago recita todo tipo de coisa (como nomes, títulos e conquistas) para aumentar a autoconfiança. A invocação ocorre em seguida, em uma voz que faz a terra tremer e que vai até os limites do universo, e essa voz é feita da forma mais impressionante e dramática possível. Usando essa voz, conseguimos diversos efeitos que não conseguiríamos se simplesmente falássemos usando a voz cotidiana para assuntos banais. É triste que a maioria dos magos pare por aqui.

Eu certa vez ouvi uma fita de um autointitulado rei das bruxas, Alex Sanders. Eu achei os primeiros dez minutos da sua invocação bem-feitos e dramáticos. Depois de quinze minutos, comecei a ficar entediado. Cinco minutos mais tarde, o espírito de Loki começou a fazer comentários maldosos no fundo da minha mente, resmungando sobre aqueles que aprendem uma técnica que funciona e nunca se dão ao trabalho de aprender outra. Não importa o quão boa uma "voz ritualística" possa ser: se for usada por tempo demais, o efeito acaba e a atenção vai para outro lugar.

Nós vimos o que acontece quando enfatizamos o "o que" e desconsideramos o "como". Existe também uma outra abordagem sobre a invocação, que enfatiza o "como" de uma tal maneira que a mente consciente, com seu amor pelo "o que", pode ficar bastante incomodada. Este é o caso com invocações enoquianas, com os "nomes bárbaros" e práticas como "cantar na linguagem do caos". Aqui a atenção vai em grande parte para o som, volume, modulação, já que as palavras que estão sendo "ditas" não fazem sentido algum para a mente consciente. O que lhes falta em significado lhes sobre em poder. Não é muito surpreendente que a maioria dos iniciantes se sinta muito desconfortável a respeito delas. O grau de resistência pode nos dizer algo sobre a necessidade obsessiva do ego de "estar no controle".

Se você quiser verdadeiras mudanças na sua consciência, que tal um programa misto? Você pode começar com uma invocação significativa disso ou daquilo, e depois mudar para a linguagem do caos, permitindo que palavras selvagens e maravilhosas se formem, e começar a cantar e dançar para acumular bastante poder. Em seguida pode vir a próxima unidade de fala em prosa significativa, e assim por diante. Você perceberá que este tipo de ritual ativa diversas das partes da mente que ficariam latentes (e entediadas) em uma cerimônia tradicional e digna que agrade a mente consciente e quase nada mais. O mesmo vale para outros ramos da invocação, como a hipnose, indução de transe, contar histórias ou recitar poesia.

Há quem diga que um bom hipnoterapeuta deve sempre falar com uma voz lenta, profunda e monótona. Isso fará maravilhas se você quiser induzir transes lentos, profundos e monótonos. Faça isso com você mesmo e você pode acabar dormindo. Os melhores hipnoterapeutas, como Milton Erickson, transformam o uso das pausas em uma arte. Outros sussurram. Quando você sussurra suas sugestões, seu cliente precisa ouvir com mais atenção, e a atenção pode até mesmo aumentar, pois todos sabemos que são as coisas importantes e muito secretas que são ditas nesse tipo de voz. Em certos transes, podermos precisar até mesmo de uma voz selvagem e animada.

Se quisermos contatar o espírito do amor, por exemplo, podemos agradar a nossa mente consciente com oração cerimonial para o tipo certo de divindades, como Vênus, Vanadis, Fria, Ishtar, Inanna, Erzulie (deusa Voodoo do amor) ou Babalon. Sem dúvida conseguimos escolher facilmente uma dessas que pareça neutra, e com um pouco de pesquisa encontraremos diversos símbolos e mitologia para prover à nossa mente consciente o significado necessário para manter a oração funcionando. Tudo isso, não importa o quão elaborado, não servirá para muita coisa a não ser que chamemos com poder e paixão, o que exigirá (a princípio) uma atitude amorosa, e uma voz amorosa, para estabelecer contato com o espírito do amor. Há diversos deuses e espíritos que se importam muito pouco com o sentido da invocação, respondendo bem mais rápido ao seu clima. Isto é particularmente verdadeiro ao se tratar dos deuses antigos, dos anciões e daqueles espíritos primordiais da aurora dos tempos, que não estão nem aí para a razão, de qualquer maneira.

Meditação da taça

Esta é uma prática do tipo mais elementar. Pelo menos é isso que eu pensava que ela era, quando a aprendi de dois amigos que a receberam por meio de um sacerdote iorubano. Na verdade, eu quase a achei fácil demais a princípio. Meus amigos me disseram que é um método de oração. Essa é uma boa descrição, embora não seja a única. Quando eu a ensino a pessoas que não gostam da ideia de "oração", eu a chamo de "exercício de discurso congruente e imaginação vívida". A prática é baseada na eucaristia; força e senciência são invocadas e carregadas em uma taça com líquido, que é servido como uma libação e bebido para integrar a energia.

O que você precisa é de apenas duas taças, chifres ou recipientes de onde se possa beber, e alguns de vocês podem achar este trabalho mais fácil caso apenas dois recipientes especiais sejam usados, recipientes consagrados e dedicados a uso ritualístico. Como líquido, podemos usar água, que mudará de gosto durante a operação, ou vinho, ou bebidas mais fortes, como gim ou rum. Se você estiver familiarizado com rituais, dê a este exercício a abertura cerimonial com a qual esteja acostumado. Se não estiver, e se sentir desconfortável com isso, apenas sinta-se confortável. Relaxe, respire fundo algumas vezes e fique um ou três minutos sentado em silêncio, para que sua mente possa se preparar para as coisas boas que virão.

Segure uma taça em cada mão, a taça da mão direita deve estar cheia (com o líquido de sua escolha), e a da mão esquerda vazia. Enquanto você segura as taças, você ora, chama e evoca. Você pode invocar qualquer tipo de força e senciência. Quando você a sentir fortemente – a sua imaginação faz isso – traga as visões para o fluido. Se você evocou o fogo, por exemplo, você deve "se inflamar com oração". Quando você tiver ficado ígneo e selvagem, sentindo-se cálido ou quente, com olhos cintilantes e uma gargalhada feroz, e sua imaginação tiver enchido todo o ambiente com chamas vivas, torne a visão menor e mais intensa, até que ela preencha o fluido na sua mão direita com seu poder.

A cada vez que você carregar o fluido com alguma força ou senciência, despeje um pouco dele na taça da mão esquerda. Então invoque o próximo item, e despeje este também, e assim por diante, até que a taça da mão esquerda esteja cheia e a da mão direita vazia. Agora você estará segurando uma taça cheia de bênçãos na sua mão esquerda. Despeje-a na taça da direita, e vice-versa, algumas vezes, até que todas as ideias da sua invocação estejam bem misturadas. Então derrame uma libação aos deuses e espíritos de sua mente e

TRANSFORMAÇÕES

borrife um pouco do fluido pelo cômodo: onde as gotas caírem, elas consagrarão a atmosfera. Agradeça e beba o restante. Isso transformará você por dentro.

É claro que essa descrição não está completa. Diversos de vocês perguntarão, “mas o que eu devo chamar, e como?”. Imagine que você quer invocar os quatro (ou cinco) elementos; terra, ar, fogo, água e espírito. É claro, você poderia também invocar as forças planetárias, as sephiroth, suas formas-deus favoritas, ou qualquer outra força ou ser adequado para você. Na África, eu gostaria de acrescentar, eles não invocam os elementos como os conhecemos, mas sim os deuses e espíritos com os quais cada mago está em contato.

Invocando os elementos

Se for invocar os elementos, você pode começar com a terra, e seu discurso pode ser parecido com este. Faça-se um favor e fale em voz alta. Eu sei que muitos preferem “orar silenciosamente” ou “fazer isso totalmente na imaginação”. Foi a mesma coisa comigo – a habitual relutância em falar livremente, caso digamos algo de “errado”. Bem, nessa prática, você não tem como dizer nada de errado. É a sua mente profunda que vai te entregar as ideias e palavras. O fundamental é que você ouse abrir a boca e começar a falar.

Invocando a terra: um exemplo

Este é o primeiro estágio – descrever o que estamos chamando:

Ouça-me... eu chamo... e invoco... a força da terra... terra forte... terra fértil... chão sólido... eu te chamo! Terra dos campos... Mãe dos grãos... geradora de alimento... terra sólida... terra pacífica... eu chamo você para vir ao rito... vir para o trabalho... chão e solo... poeira e lama... fonte de toda vida... que dá a carne... Estai conosco! Pelo campo e pelo prado... pela rocha e pela pedra... pela colina e pela montanha... terra frutífera... terra alegre... terra pesada e úmida e marrom escuro... de muitas cores... eu sinto seu peso... e sua densidade... a força das pedras.. . a paciência ancestral... das pedras... e dos cristais... enquanto descansam... e dormem... e sonham.

Aqui enfatizamos nossa unidade com a terra:

Terra... você está aqui... eu sinto seu toque... sua profundeza... sua força... eu vejo você... em minha mente... as montanhas... os campos... as planícies... até mesmo desertos... eu me lembro... o que a terra... significa para mim... e há terra... no meu corpo... toda a carne... é terra... é matéria... é forma... eu sinto meu corpo... sinto os buracos... as rochas... são como ossos... são firmes... e sólidas... sinto minha carne... descansando calmamente... minha carne... toda carne... cresce da terra... voltando para a terra... a densidade... o peso... a firmeza... a duração... toda a terra... uma terra...

Este é o terceiro estágio – falamos pela terra:

Essa terra... é de mim... e ao dar a vida... ao viver... eu incorporo a terra... torno-me a senciência... eu sou a consciência... de toda a terra... toda a vida... cresce de meu corpo... encontra forma... e alimento... em mim mesmo... eu sou a terra eterna... eu mudo... e permaneço... toda a forma... vem de mim...

Se você conseguir descrever o que está chamando, e falar livre e espontaneamente por um tempo, você está indo bem. Alguns fazem isso lembrando-se. Quando você se lembrar das muitas experiências que teve com a terra, terá bastante material para descrever. Quando você descreve de forma vívida – o que você sente? O que você vê? O que você escuta, que gosto e que cheiro você sente? A descrição logo se tornará bastante vívida. Você descreverá o que experimenta e experimentará o que descreve; logo a sua imaginação entrará em parafuso, e então – e é aí que a mágicka decola – você ficará tão entusiasmado que será arrebatado.

Quando a sua imaginação da terra estiver vívida e você sentir suas qualidades e humores, carregue o fluido com ela. Despeje todas as visões, pensamentos e sensações da sua terra no líquido, até que ele transborde solidez, firmeza, densidade e permanência. Então, despeje um pouco na taça da mão esquerda, e faça o mesmo com a água.

Novamente, você pode falar com base nas suas memórias, falar da chuva e da neve, rios e córregos, lagos e poças, névoa e nuvens, e o mar aberto. Você pode falar das águas que fluem no seu corpo, que circulam no sangue, as águas que alimentam e limpam as células, as águas que carregam os hormônios, que dão as marés de emoções às nossas cabeças. E você pode falar como o mar eterno de onde veio toda a vida... mas eu não preciso lhe contar mais, você já sabe, de qualquer forma. Fogo e ar seguem-se da mesma forma, e para o espírito, eu espero que você improvise alguma coisa, como um ataque de risos.

Chega de conteúdo. Agora, humores. Exatamente tão importante quanto o que você diz é como você diz. Você descobrirá que uma invocação da terra soa muito mais convincente em uma voz terrosa. Para mim, a voz da terra é profunda e sonora. Ela soa firme e lenta e, às vezes, quando eu fico muito terroso, ela fica realmente lenta demais. Como ela soaria para você? Cada um dos elementos tem sua própria voz especial. A voz da água, por exemplo, costuma oscilar e pulsar, ela tem um fluxo regular ou rítmico, e alguns sons, em especial os "s", "sh" e "z", podem ser destacados. A voz do fogo pode ser selvagem e feroz. Ela tem erupções repentinas, depois se acalma, e depois volta a rosnar. Grite e seja frenético se precisar: o fogo é selvagem, e você também. A voz do ar é mais calma. Ela costuma respirar, suspirar, uivar, assoviar e sussurrar como o vento, e às vezes as palavras morrem, e tudo que se faz é respirar em longos e alegres fôlegos. A voz do espírito será algo pessoal para você.

UMA TECELÃ

Pense nisso: você invocaria todos os elementos com o mesmo tipo de voz? Isso certamente soaria sem graça, particularmente se o rito levar meia hora ou mais. Além disso, você só comunicaria suas ideias às partes do cérebro que entendem o simbolismo abstrato das palavras. Mas a modulação da voz é tão significativa quanto as palavras que são ditas, mas ativam partes diferentes da mente. Uma invocação só é eficaz quando ela realmente faz você experimentar aquilo sobre o que você está falando: é esta experiência, sua identificação com a força invocada, que torna o rito válido. Não importa o que você fale, por exemplo, sobre o fogo: o truque é tornar-se tão ígneo que a força queime você. É por isso que eu chamei esse método de oração de exercício de congruência.

Normalmente eu peço que iniciantes se acostumem com essa prática, orando diariamente por pelo menos duas semanas. Provavelmente duas semanas não bastarão, mas pelo menos a essa altura eles estarão prontos para sessões em grupo. Em trabalhos em grupo, as duas taças são dadas a cada participante, que fica então livre para invocar o que quiser, da forma como for. Os outros participantes podem amplificar a oração, acrescentando sons apropriados. Podemos usar um tambor profundo e lento para a terra, e acrescentar algumas flautas e buzinas ao ar, para continuar. Quebrar galhos pode ser útil para simular o crepitar do fogo, e água se movimentando em uma bacia pode amplificar o clima do elemento fluido.

A meditação da taça em grupo

A seguir temos algo para quem praticou a oração dos elementos por algum tempo. Encontre alguns dos seus amigos com interesses em comum. Agora, sentem-se normalmente com as taças e invoquem seguindo o programa normal, mas façam isso na linguagem do caos. Nada de palavras ou nomes razoáveis, por favor! Apenas produzam sons, barulhos, palavras caóticas, música e canto. Quando duas ou mais pessoas fazem isso ao mesmo tempo, elas formam uma trama de sons que pode se tornar vívida.

Com a terra, isso pode significar vozes profundas, como zumbidos, vibrando e cantando sons como "m", "n", "o", "u", em padrões regulares e lentos. Com a água, pode ser o som da arrebentação das ondas, gritos de gaivotas, gotas caindo, os sons sibilantes e úmidos de fluidos que assobiam, fluem e gorgolejam. Com o fogo, temos o crepitar seco da madeira, as pequenas explosões e muitos gritos, rugidos e berros, cheios de loucura e desejo, e com o ar, o uivo do vento assobiando, suspirando, soprando, e talvez vogais abertas sendo cantadas, como "a" e "e".

Não se preocupe com minhas tentativas inúteis de explicar sons caóticos; experimente, você pode descobrir que o seu contato com os elementos na verdade não precisa de palavras, e que os sons caóticos que você faz tocam um nível muito profundo e primordial, com cada um dos elementos. Isso pode ter efeitos colaterais. Você pode ter percebido que o tipo de mágicka pelo qual eu vivo não tem muita dignidade. Este é um motivo válido. Há muitos magos que trabalham com cerimônia e tentam parecer dignos, exaltados, espirituais, ou seja lá o que for. Normalmente isso quer dizer que eles parecem pomposos e rígidos.

Os magos dos últimos séculos estabeleceram a ideia curiosa de que um mago de verdade deve estar em total controle, deve se curvar perante deuses e ordenar espíritos em triângulos. Pouco importava o que eles invocavam, pois tudo soava igual, de qualquer maneira. Essa máscara que eles vestiam vem da religião organizada. Eles desempenhavam o papel do sereno alto sacerdote, que distribui lei, justiça e crença; a autoridade sagrada, indiferente e serena. É claro que tal sacerdote, que precisa representar uma religião organizada, não está em condições de fazer piadas ou cometer erros.

Pense nos xamãs – é parte de suas atividades ficar tão empolgados com sua mágicka a ponto de ficarem selvagens e entusiasmados, até que os espíritos se ergam e os obcequem. Mas cada espírito demanda um certo tipo diferente de entusiasmo, o que significa que o xamã precisa ser bem flexível. Além disso, os espíritos, depois de encarnados, estão livres para se divertir. A maioria deles não se importa com o que as pessoas normais pensam ou falam, e alguns deles até mesmo podem adorar incomodar, provocar ou insultar. Tudo isso seria bastante impossível se o xamã insistisse em "estar no controle", em parecer digno ou tentar manter o manto limpo. Quando o espírito do javali selvagem pega você, você pode descobrir que gosta de fuçar na terra, e quando for o da serpente, você pode ficar ágil, sexy, e muito venenoso.

O mesmo pode ser dito sobre os elementos. O magista cerimonial normal não é congruente com nenhum deles, mas tenta ser seu mestre – vamos fazer diferente. Com a terra, nos tornamos fortes e pesados; com a água, o corpo pode oscilar e pulsar; com o fogo, podem vir calor e suor; enquanto o ar pode inspirar canções ou exercícios de respiração, como for o caso. Queremos experimentar aquilo que invocamos, expressar o poder e a senciência em carne e osso.

Com nosso exercício de oração, podemos ser arrebatados. Você está indo bem quando esquece o controle e a dignidade e se torna aquilo com que está conversando. Se você se arrepiar, tremer, balançar, vibrar ou sacudir durante a oração, não se desespere: é só um transe de Seidr (fervilhar) acontecendo. Estes fenômenos costumavam ser normais nas mais antigas religiões europeias da natureza (antes que o sacerdócio organizado começasse a insistir em dignidade). Isso é um bom sinal de que bioenergias estão fluindo, de que poder está sendo libertado, tanto no sentido emocional quanto no sexual.

Este poder é vital para a mágicka, muito provavelmente porque é essa energia que é necessária para que os deuses e espíritos se manifestem. Mais sobre mágicka de fervilhamento e energia pode ser encontrado nos meus livros *Helrunar* e *Seidways*. Por enquanto, basta dizer que um bom mago trabalha apaixonadamente. Uma boa invocação não é só um jogo mental intelectual com palavras bem escolhidas. Ela deve te capturar e agarrar a totalidade do seu ser. Se você conseguir fazer isso, você pode começar a orar, e então descobrir que passou uma hora em ação. Quando você estiver bem habituado a essa oração, você pode usá-la para qualquer coisa.

Por exemplo: agradecimento, quando você estiver se sentindo bem e quiser compartilhar isso. Resolução de problemas, quando estiver se sentindo perdido e quiser discutir a sua situação com os deuses ou espíritos. União, quando quiser tomar uma bebida com todos os outros aspectos de você. Consagração, quando você carrega o fluido e o usa para ungir ou curar. Transformação, quando você pede aos aspectos do *self* (deuses, espíritos, elementos) para te transformaram por dentro. Com um pouco de flexibilidade, você pode fazer esse pequeno ritual ser um dos métodos vitais para todo tipo de mágicka.

Então, se você se vir balançando ou tremendo, suando ou gritando, ou se impulsos malucos tomarem você, ou se você começar a falar na linguagem do caos, você está indo bem. Uma boa parte do tipo de mágicka mais profunda é feita pelas partes da mente profunda que têm suas próprias leis e motivações, muitas das quais parecerão "insanas" ou "malucas" para a mente consciente. Depois que começamos a libertar e integrar o que está escondido nas nossas profundezas, descobriremos que o controle não é necessário e que a verdadeira dignidade não é alcançada sendo rígido e pomposo.

VERME DO INFERNO

CAPÍTULO OITO
CONSTRUINDO MANDALAS

Imagine Munique, junho de 1989. De Katmandu, chega um grupo de três monges tibetanos, os honoráveis Lobsang Tinle, Lobsang Palden e Lobsang Thardo. No dia seguinte, os três começam a construir uma mandala no centro budista local.

Uma mandala é um mapa, um modelo do mundo, um modelo da mente, e uma ferramenta visual poderosa para invocar estados específicos de consciência. Assim como sigilos e símbolos, as mandalas tocam as camadas mais profundas da mente.

O ritual começa cedo. Primeiro, os espíritos da casa são chamados; pede-se que eles cedam espaço e que deem suas bênçãos à cerimônia. Então toda a casa e todos os participantes são purificados. Incenso é queimado, orações são cantadas e presentes são oferecidos em sacrifício aos espíritos da casa e da vizinhança. Agora Avalokateshvara é invocado, o espírito do amor e da compaixão para quem a mandala será construída. Os monges abrem seus livros de orações e começam a recitar seus mantras com vozes profundas, como zumbidos, tocando seus sinos e tecendo uma trama de sons sintonizados ao seu trabalho. Quando os monges sentem que Avalokateshvara concedeu sua permissão, os cantos diminuem e começam as medições. Em um grande plinto de madeira a mandala é desenhada, os círculos, quadrados, flores de lótus e as estruturas geométricas que vinculam tudo. Sentados em suas posturas de lótus e debruçando-se sobre a madeira, os monges começam a preencher as cores. Isso é feito derramando areia colorida através de longas ferramentas com pontas de metal. O trabalho toma tempo e exige uma mão muito firme. Camada após camada é depositada, trechos grandes e símbolos pequenos, guirlandas, ornamentos, flores e sílabas. No meio, há o símbolo de Avalokateshvara, que terá na mandala o seu palácio. O símbolo é uma pequena forma florida em vermelho, branco e amarelo, acima de um círculo verde claro. Ao redor do círculo floresce um grande lótus de oito pétalas: quatro vermelhas, duas amarelas, uma azul e uma verde, cada uma delas rodeada por uma borda branca. Ao redor da forma circular do lótus, forma-se um quadrado, que é colorido de amarelo, azul, verde e branco. Em seguida, diversas faixas de finos ornamentos, e círculos radiantes de esplendor arco-íris. Estes são emoldurados por um quadrado muito maior, que tem as mesmas cores do menor.

Durante dez dias, os monges ocupam-se com sua mandala, dando pouquíssima importância para os diversos observadores, curiosos, adeptos de *new age* e equipes de televisão. De tempos em tempos, eles olham para o alto e gargalham. O que os monges estão fazendo aqui, pela primeira vez em público, faz parte da tradição ritual de seu país de origem. A construção do diagrama sagrado é um gesto para o mundo.

Imagine que, nas terras altas da Bolívia, um camponês chamou o feiticeiro local, um dos poucos curandeiros Callawaya restantes. O curandeiro chega ao cair da tarde, trazendo consigo um grande pacote de objetos ritualísticos. Há meses o paciente não está bem. Doença, fraqueza, pobreza e má sorte... tudo isso será curado pelo Callawaya. O paciente fala de suas dores e seus medos. O que ele fez de errado? Ele incomodou os deuses ou espíritos? As criaturas malignas da noite levaram sua alma embora? O curandeiro escuta, conforta, consulta um oráculo. Como normalmente é o caso, uma *Mesa* é preparada. Como colocam os Callawaya, "uma *mesa* serve para tudo". Começa com um tecido grande, esbranquiçado, sendo aberto sobre uma caixa. Orando em voz alta, o curandeiro dispõe doze pequenos quadrados de papel, cada um deles dobrado nos cantos para funcionar como um recipiente. Os quadrados são organizados com grande precisão. Alguns curandeiros os colocam em um arranjo retangular, outros formam grupos, e outros formam um círculo, dependendo da tradição de sua vila natal.

Embora os Callawayas viajem centenas de quilômetros em seu trabalho, a maioria deles se atém à tradição em que cresceram, insistindo que este é o único método que funciona. Em cada quadrado de papel há uma bola de algodão, cuidadosamente modelada como um ninho. Orando continuamente, o Callawaya decora cada um dos ninhos com folhas de coca, acrescentando flores, botões, doces, pedaços de frutas, estatuetas de chumbo e outros itens, dependendo muito daquilo que o paciente pode pagar. Um ovo é untado com gordura de lhama: a oferenda tradicional para o Ankari, o espírito mensageiro, que carregará a mensagem da *mesa* para o outro mundo. Nem todos os ninhos são parecidos. Cada um deles é dedicado a outro agente, ser ou desejo. Alguns são para os espíritos da casa, outros para o céu católico, o deus do raio e do trovão, alguns para espíritos perigosos ou temperamentais, e alguns para os antigos locais de poder, as montanhas sagradas dos Andes. Os pacientes normalmente sabem qual montanha sagrada é sua guardiã, mesmo que esta montanha esteja a centenas de quilômetros de distância.

Por horas, a voz do curandeiro ecoa pela noite. Um feto de lhama é decorado com flores, untado com gordura, dado como oferenda. Pede-se por cura e por perdão. Os índios bolivianos costumam viver em mundos catastróficos, cheios de espíritos com intenções malignas, a maioria dos quais demanda oferendas e reconhecimento regulares. Em um sistema de crenças como este, pode ser perigoso esquecer um sacrifício. Para ter certeza, o curandeiro chama todos os espíritos, sejam eles conhecidos ou desconhecidos, reconhecidos ou esquecidos, e pede que perdoem todos os delitos do paciente, tanto os conhecidos quanto os desconhecidos, que desfrutem das oferendas e que enviem bênçãos para o paciente e o curandeiro, e para todos os presentes.

Quando a *Mesa* está completa, o ritual chega a um clímax. O Callawaya carrega e dedica uma taça cheia de álcool forte, derramando-a sobre a *Mesa* e ao redor da cabana, purificando e consagrando o espaço ritual e seus conteúdos. Segue-se, então, uma pausa. Por meia hora, ou mais, o paciente e o curandeiro sentam-se juntos, conversando, fumando, bebendo e rindo. A *Mesa* é ignorada por um tempo. Como um sigilo, ela precisa de tempo e esquecimento para funcionar. Mais tarde na noite, o ritual continua. Incenso é queimado, o paciente é purificado e um sino toca. Finalmente, toda a *Mesa* é queimada, transformada pelo fogo, até que nenhum dos ingredientes originais possa ser reconhecido. Normalmente, o próprio curandeiro faz essa queima. Muitos Callawayas acreditam que pode ser perigoso que o paciente veja a *Mesa* queimando. O mesmo se aplica a qualquer outra pessoa que possa estar passando por ali.

A criação de mandalas é um método encontrado em muitas tradições. Uma mandala pode ser vista como um "alinhamento sagrado", uma descrição do universo interno e do externo (que se faz perfeito), uma oração em forma visual.

Quando criamos um círculo Mágicko ou decoramos o altar, estamos criando um mapa dos universos interno e externo. Em um círculo ritual, cada item representa um aspecto de nós mesmos. As ferramentas de nosso trabalho não são só jogadas em uma pilha perto do altar, elas são dispostas com cuidado e consideração, de forma que a decoração do altar em si seja um mapa para os aspectos do *self* que participarão do trabalho.

Uma boa organização é ao mesmo tempo equilibrada, simples e complexa. Quando trabalhamos na realidade "artificial" do círculo, temos a liberdade de fazer o círculo ser um bom mundo onde se estar. A decoração do altar e do templo frequentemente tem a intenção de representar o mundo de forma equilibrada e curada, um mundo ideal, como ele deveria ser. Essa "mandala perfeita" torna-se uma sugestão poderosa.

Os mesmos princípios são constantemente encontrados na vida cotidiana. Muitas pessoas sentem uma necessidade periódica de redecorar suas casas, particularmente em tempos de crise e mudança, de forma que o realinhamento de seu interior seja refletido ou reforçado no exterior. Há quem ache que trabalhos domésticos, como limpeza e redecoração, têm um efeito calmante sobre a mente. Para estas pessoas, trabalhos domésticos são rituais que influenciam seriamente suas consciências. Outros focam em um espaço de convivência organizado e limpo, não tanto para apoiar uma mudança interna de consciência, mas para escapar da necessidade de fazer algo pelo seu mundo interior. Pessoalmente, suspeito que as pessoas com uma vida interna equilibrada e saudável estão ocupadas demais aproveitando a vida para perder tempo deixando suas casas impecáveis. Sem dúvida você criou diversas mandalas na sua vida diária, alinhamentos rituais de vários tipos, mesmo que não esteja ciente disso. Limpar a casa, organizar a mesa do café da manhã, organizar de alguma forma os livros e registros, cada uma dessas atividades pode envolver a criação de mandalas. A maioria delas vai além do prático e do artístico: os arranjos invocam um tipo específico de consciência. A consequência óbvia é que podemos fazer bom uso dessa peculiaridade natural, experimentar novas formas de alinhamento, e aproveitar o que acontecer.

Uma mandala pessoal

Uma mandala que vale bastante o esforço será descrita a seguir. Uma vez ao ano, normalmente em Lammas/Lughnasad, no começo de agosto, eu vou para os campos e florestas fazer um aro de plantas resistentes, longas e flexíveis. Artemísia[1] é muito boa para isso, "mug" significa "poder", indicando que a planta irá durar e resistir.

1. N.T.: *Mugwort*.

Outros itens para a armação são galhos ou gravetos de bétula e salgueiro, que se dobrarão e secarão bem.

Depois de formado o aro, diversas outras plantas são acrescentadas. Alguns grãos ainda podem ser encontrados em agosto, e estes simbolizam a nutrição do ano que virá. Há também outras plantas. O aro do ano passado, que está pendurado à minha frente agora, é decorado com feixes de aveia, trigo e centeio. Há agrupamentos de pinhas de abeto, avelãs, castanhas, sorvas secas e murchas, cardos, frutinhas do mato, flores de milefólio, folhas e frutas de espinheiro, folhas de carvalho e algumas outras plantas menores, que desafiam a identificação. Também presos no arranjo estão penas de pássaros da floresta, cerdas de javali, pelos de veado e um ou outro osso pequeno. Todos estes estão presentes. A natureza os oferece de graça para todos os que se dispõem a reconhecê-los e desfrutá-los.

De agosto até o inverno, todo tipo de material aparece no meu caminho, e estes são inseridos e integrados no processo. Cada item é consagrado. Eu falo sobre ele, com ele e perto dele quando o corto ou coleto, e ofereço a ele uma boa dose de oração quando o coloco no aro. Isso associa cada item com uma memória específica, e dá objetivo e significado ao todo. O aro em si simboliza o ciclo anual da natureza. Quando as folhas caem e o clima fica sombrio e frio, o aro que está em casa carrega a alegria e a promessa de vida nova por toda a duração do inverno.

O ritual, até onde podemos chamá-lo assim, consiste de oração. Fale com as plantas (alto e claro). Você pode se sentir bobo.[2] Lembre-se de que a palavra vem do alto-alemão antigo "saelig", que significa abençoado. Falar com as plantas deve ser algo familiar para todos que leram Castañeda. As plantas podem não entender as palavras, mas elas entenderão a modulação da sua voz e o humor em que você está. É preciso pedir permissão a algumas plantas. Elas acharão uma forma de lhe dizer o que e quanto você pode tirar.

2. N.T.: *silly*.

Fale com as plantas que você reunir. Conte a elas por que você as está coletando. Descreva sua forma, significado e simbolismo, e peça para elas virem com você. Quando chegar a nova comemoração de Lughnasad, um novo aro é feito, e o velho, com todas as suas ervas e flores secas, é queimado.

Como uma alternativa, eu começo indo para a floresta. Lá eu oro para os deuses e espíritos, para que eles me mandem bons materiais para a mandala. Durante o dia eu os reúno. Alguns gravetos aqui, algumas folhas secas ali, pequenas pinhas, galhos de abeto, folhas de samambaia e o que aparecer pelo meu caminho. Para cada item que é coletado, eu falo com o espírito daquela planta, conto a ele o objetivo do rito e peço sua bênção. Em casa, eles são separados.

Eu coloco um grande prato de bronze em um tripé de madeira. Uma pedra grande também serviria; o item importante é o prato metálico. Pegando um tipo de parte de planta após o outro, eu oro. As folhas, por exemplo, podem simbolizar o poder de morrer e renascer. As raízes podem ser usadas como um símbolo para a terra, firmeza e permanência. Gravetos de abeto podem simbolizar a vida que continua ao longo do ano; nozes e sementes, vida escondida e novas vidas que virão.

Você encontrará mais simbolismo mais adiante. O simbolismo importante, o significado de cada planta para você, é o que faz a mágicka funcionar. Você descobrirá esse simbolismo por meio da prática. É parte da diversão reservar algum tempo para começar a orar. Isso pode facilmente conduzir a todo tipo de transes curiosos, considerando que você realmente comece a falar e seja arrebatado pelo processo. Cada idem, depois que seu poder e significado for invocado, é colocado sobre o prato metálico. Se você quiser, você pode fazer do prato a sua mandala. Um exemplo de organização está ilustrado. Com nove itens básicos, podemos ficar uma hora ocupados, chamando, orando e invocando. Isso pode parecer tempo demais para aqueles que acham difícil falar em voz alta três palavras em um ritual, mas não têm problema em tagarelar por horas sobre

CRIANDO UMA MANDALA – USANDO SAL, GRÃOS, RAÍZES, FOLHAS, GALHOS DE ABETO, PINHAS E FRUTAS

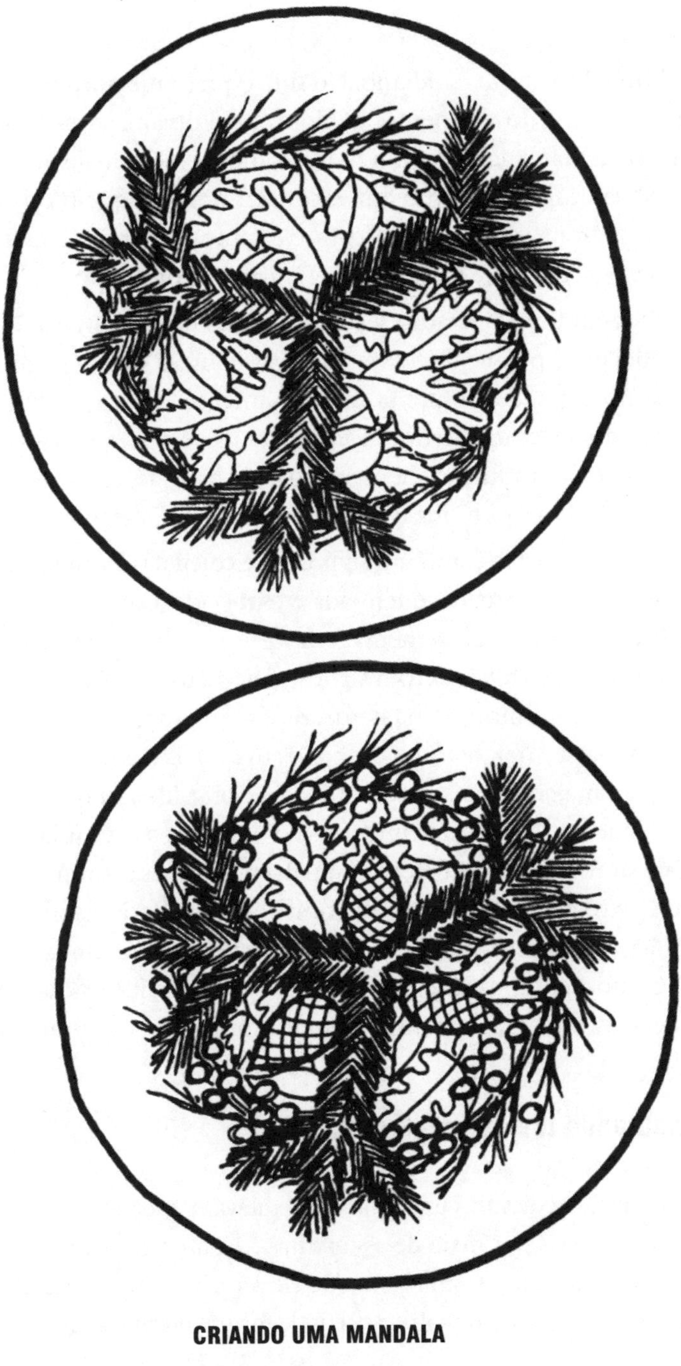

CRIANDO UMA MANDALA

todo tipo de assunto cotidiano. No fim, o prato metálico será decorado com uma dose generosa de flores bem organizadas. Agora eu consagro a mandala como um todo. Usando o método de oração do último capítulo, eu chamo e invoco para o fluido quem ou o que parecer apropriado, e molho com ele tanto a mandala quanto o cômodo. O restante é bebido, para funcionar por dentro.

O restante da operação segue o método dos Callawaya. Eu me concedo uma pausa para comer, beber, dançar ou tocar música, enquanto a mandala espreita silenciosamente em seu canto e tem tempo para se "compenetrar". Depois de um tempo, a oração continua. Como um último ato, a mandala é encharcada de álcool puro e queimada. Os restos e cinzas são enterrados no dia seguinte.

A oferenda age como um sigilo. Ela é coletada, reunida, alinhada, dedicada, abençoada, queimada e esquecida. Como um sigilo, a mandala transmite uma mensagem forte para a mente profunda. Ao contrário do trabalho com sigilos, a oferenda da mandala envolve uma longa caminhada na natureza, e mais um tanto de colocar a mão na massa, orar, manusear objetos materiais e outras ações que tornam a mágicka mais prática. O ato de orar libera pressão e tensão – pode ser útil se exaurir de oração – e ajuda a acumular ideias, visões, símbolos e imaginação, em palavras e ações. As muitas mensagens se reúnem em uma forma única e ordenada, a mandala. Esta mensagem é queimada, libertando as forças reunidas em um único ato. Como nenhuma energia jamais se perde, as ideias que foram vinculadas às plantas encontrarão novas formas de se manifestarem.

Conectando ideias às plantas

Nos tempos medievais, curandeiros acreditavam que cada planta mostra suas virtudes por meio de assinaturas. "A natureza assina cada cultivo que surge para mostrar para que ele serve", escreveu Paracelso. "A forma do *corpus* se desenvolve a partir da forma interna do arcano." Por exemplo, se você quiser criar uma mandala dos quatro elementos, você pode selecionar os seus materiais da seguinte forma:

- Para a **TERRA** você pode selecionar raízes, como elas crescem no solo. Cogumelos secos, como eles vivem baixo, perto do chão. Grãos, bagas e outros alimentos, pois simbolizam a comida para nossa própria terra (o corpo).
- Para a **ÁGUA** você pode selecionar plantas que crescem nela ou perto dela. Salgueiro, amieiro e álamo seriam boas escolhas. E também plantas verdes, com bastante seiva.
- O **FOGO** pode ser simbolizado por botões, pois eles são os órgãos sexuais das plantas, frequentemente têm cores fortes e, como nos diz a ciência, os botões são realmente mais quentes do que o resto da planta. Cogumelos casco-de-cavalo, cascas de bétula e pinhas, como estes são frequentemente usados para acender fogueiras; cardos e espinheiros, pois simbolizam o poder de lutar.
- O **AR** pode ser representado por folhas e agulhas, pois estes são os pulmões das plantas. Gramas finas que oscilam ao vento. Frutinhas como alimentos para os pássaros e promessa das plantas que virão. Visco e outros parasitas, pois crescem acima da terra.

Cores também podem prover simbolismo.

Conhecimento das árvores e plantas

Há muito conhecimento associado às plantas e ervas. Muitas plantas eram consideradas sagradas para uma ou outra divindade, de forma que partes destas podiam ser usadas para contatar e invocar os deuses. As plantas sagradas da Grécia e de Roma são bem conhecidas e descritas nos clássicos. As ervas sagradas das terras ao norte são menos conhecidas, talvez por causa da perseguição que afetou todos os pagãos entre 800 e 1700 D.C. Durante a caça às bruxas, diversas plantas receberam novos nomes, de forma que muito do simbolismo antigo se perdeu para nós. Eu agora listarei algumas dessas plantas sagradas.

Talvez seja a árvore que recebe mais veneração. A última era glacial terminou entre 10.000 e 8.000 A.C., dependendo do local. Conforme a camada de gelo se desfez, ela deixou para trás um terreno bem polido, de terras devastadas e planas. O campo na Europa central parecia muito com o que o norte da Escandinávia se parece hoje em dia: quilômetros e quilômetros de tundra. No inverno, as tempestades de neve uivavam pela terra; na primavera, a neve que se derretia transformava a terra em pântanos. Poucas pessoas sobreviviam nesse clima; pequenos grupos de nômades vivendo de renas, pequenos animais, frutas, peixes e líquen. As primeiras árvores que popularam a tundra eram pequenas e robustas.

BÉTULA – A árvore que simboliza o começo. Popular em inúmeras festividades de primavera por todo o mundo. Sagrada para a deusa da primavera, como Ostara/Oestre, a bétula simboliza o renascimento da luz e vida nova. As folhas dão um excelente chá, que limpa o corpo, remove toxinas e resíduos e ajuda contra reumatismo e artrite.

SORVEIRA – O "freixo do mundo" original, muito antes dos freixos serem conhecidos, era provavelmente uma sorveira. Isso a conecta com os xamãs ancestrais, com as formas-deus de Wodan e Odin. No topo da árvore, entre o céu e a terra, Odin viu as runas e as tomou, gritando – e onde ele poderia ter visto suas formas, senão na forma dos galhos? A sorveira é uma das árvores mais populares para quem quer espantar espíritos malignos. As folhas dão um bom chá, que ajuda contra diarreia, os botões são bons contra doenças pulmonares, as frutras ajudam contra escorbuto.

SALGUEIRO – A clássica árvore das bruxas. Alguns conectam salgueiros com as Nornas ("Nyrnir" = tecelãs), que amarram o destino e tecem a realidade. Galhos de salgueiro eram frequentemente trançados para fazer cestas ou mobília. O salgueiro pode viver na água ou perto dela. Como diz o ditado, "onde a doença se origina, a cura pode ser encontrada". Salgueiros, suas folhas e casca, são um remédio maravilhoso contra resfriados e febres. Eles induzem um forte suadouro e reduzem a dor. Era costumeiro pedir ao salgueiro que provia o remédio que aceitasse e contivesse a doença.

AMIEIRO – Outra árvore de regiões pantanosas, o amieiro sobrevive com a ajuda de pequenos cogumelos e fungos que evitam que suas raízes apodreçam. Amieiros podem crescer na água, e muito provavelmente o amieiro foi uma das árvores que transformou os pântanos em terra firme. Robert Graves conecta o amieiro com o culto de Bran. A mitologia continental vê o amieiro como uma árvore da grande deusa, da qual ambos os sexos, simbolizados pelos dois tipos de frutas, surgiram.

Amieiros são conhecidos pela seiva vermelha que eles sangram quando cortados. A casca era encharcada em água, com um pouco de ferro, para produzir uma bela cor preta. O amieiro é o lar de um espírito ou divindade chamada "Fru Arle", "Else" ou "Irle", que espera e espreita no pântano. Viajantes solitários às vezes a encontram, e ficam aparvalhados. Aparecendo como uma mistura de donzela adorável e monstro grosseiro, a Srta. Else pede a eles que se casem com ela. O que acontece a seguir, como diz a lenda, são tentativas intermináveis de escapar do pântano, durante as quais nosso pobre viajante sofre um ataque intoxicante ou febre do pântano. A cura é aceitá-la. O pântano dá a febre e o amieiro a tira. É assim que a casca é usada como remédio.

PINHEIRO e **ABETO** – Sobreviveram às eras glaciais no alto de cordilheiras. Estas árvores perenes eram consideradas sagradas em muitos rituais. Diz a lenda que deus buscou abrigo sob um abeto. A árvore o manteve seguro e seco e, como um pequeno gesto de agradecimento, recebeu galhos perenes. O abeto era uma das únicas fontes de vitamina C nos velhos tempos. Estudos mostram que o conteúdo de vitamina C é mais baixo no verão, mas chega ao máximo no meio do inverno. Embora seu chá tivesse um gosto desagradável, ele era uma das poucas curas para o escorbuto, além de seu uso como óleo essencial para curar bronquite e doenças pulmonares.

No sul da Alemanha, o abeto é usado como uma árvore de maio. A maior parte da casca é removida, bem como os galhos, restando apenas um poste reto e comprido com galhos verdes no topo. Essa árvore é decorada com alimentos e longas fitas coloridas, que são trançadas ao seu redor durante a dança de maio. Abetos eram às vezes considerados sagrados para os deuses do oceano, pois produzem bons mastros.

ÁLAMO – Também estava entre as primeiras árvores. Um significado mitológico claro provavelmente se perdeu. Escuta-se que os sacerdotes alemães costumavam queimar suas folhas como incenso, e mastigar os brotos, que são supostamente psicoativos, mas têm um gosto horrível.

Durante os milênios seguintes, o clima ficou mais quente e os pântanos viraram terra firme. Em 7.000 A.C., o campo era coberto por vastas florestas de bétulas e aveleiras.

AVELEIRA – Esta árvore, ou arbusto, deu as primeiras nozes conhecidas no norte. Na *Edda*, lemos como Iduna, a deusa da vida e da juventude, é capturada pelo gigante Thiassi. Loki a resgata do cativeiro de Thiassi. Na forma de uma noz, ele carrega Iduna pela natureza congelada, devolvendo a força da vida aos Aesir.

A mitologia irlando-céltica fala sobre um "salmão do conhecimento". Este animal encantado obteve seu conhecimento fabuloso comendo as avelãs do conhecimento que cresciam perto da costa. Costumava-se fazer toda espécie de varinhas mágicas com os galhos da aveleira. A igreja nunca gostou de verdade da aveleira. Para eles, assim como para as pessoas comuns, a avelã era um símbolo de desejo e prazer carnal.

Em 5.000 A.C., árvores maiores começaram a cobrir a terra.

FREIXO – Na tradição germânica, essa árvore tornou-se representativa de todas as árvores que existem, a árvore do mundo, que conecta o céu e a terra, e nutre todos os seres. A *Edda* nos conta que os primeiros humanos, Ask e Embla, foram criados de um freixo e um amieiro.

CARVALHO – Hoje em dia um símbolo de "árvore sagrada" ou "árvore dos Druidas", esta árvore recebeu mais publicidade do que merece. O carvalho era a árvore sagrada do antigo deus do céu, fosse ele chamado de Twisto, Tiwaz, Thor, Donar, Taranis ou Zeus. É também uma árvore de guerreiros. O carvalho precisa resistir a mais parasitas do que qualquer outra árvore. Um pó feito de sua casca era usado para desinfetar e cicatrizar feridas. Há também as folhas. O carvalho é uma das últimas árvores a "despertar" na primavera, mas depois que suas folhas nascem, elas duram por mais tempo do que as de qualquer outra árvore. Isso fez do carvalho um símbolo de perseverança. Carvalhos eram muito usados para legislar ou julgar, com as pessoas reunidas sob seus grandes galhos, onde o deus dos céus, portador do raio e do trovão, poderia estar mais próximo deles.

TÍLIA – Talvez a mais popular entre as árvores do norte, a tília era comumente plantada no centro da vila, pois era conhecida por trazer amor e harmonia. A tília era dedicada a Fria ou Freya ("a amada"), deusa do amor e da beleza, uma crença que a igreja rapidamente alterou, adequando-a a um contexto cristão. Os botões são um bom remédio contra febre e resfriados, pois ajudam o corpo a expulsar a doença pelo suor. Conectada à árvore, temos a abelha, que produz, a partir de suas flores, um dos melhores méis. Algumas velhas lendas dizem que frequentemente se pedia à tília, com suas folhas em formato de coração, para ajudar com problemas de amor. Sempre que isso fracassava, a árvore precisava compartilhar o sofrimento. Às vezes a tília provia um "julgamento divino". Suspeitos de crimes podiam plantar uma pequena tília com os galhos na terra e as raízes voltadas para o céu. Se essa árvore criasse folhas entre suas raízes dentro de dois anos, a deusa havia falado, e o suspeito era considerado inocente.

FAIA – A faia, "a mãe da floresta", tem pouco folclore. Como um palpite, podemos considerá-la sagrada para Wodan e as Nornas, e para todos que entalham runas e leem sortes. Até hoje, a palavra alemã para "letra" é *Buchstabe*, que significa bastão de faia. Algumas faias crescem em formatos bizarros quando o dragão da terra as distorce. Estas, e em particular as com fendas ou buracos grandes, podiam levar doenças embora. Se você estiver doente, pode experimentar. Peça à árvore para fazer você inteiro, e então passe pela abertura (nove vezes, se preciso for) e, se você tiver sorte, a árvore lhe livrará de sua doença.

Na primavera, a faia exibe maravilhosas folhas verdes. Estas folhas, em conjunto com as folhas da bétula, eram frequentemente usadas para fazer imagens do "homem verde". Às vezes, uma criança era vestida com a folhagem fresca e verde, e então um "homem verde", que representa a primavera e a vida nova, era levado triunfantemente até a vila.

SABUGUEIRO – Outra árvore sagrada que eu gostaria de apresentar é o sabugueiro. Este gracioso arbusto gosta de crescer perto de casas. Antigamente, ele era frequentemente plantado ao redor da casa e do jardim, principalmente por motivos mágickos, pois considerava-se que espantava maus espíritos. O sabugueiro é chamado de "Ellhorn", "holuner" ou "holler" em alemão, o que talvez lhe remeta a Hel, Hella ou Helja, a deusa do "hell", o "inferno", o submundo. Helja devora os mortos e os prepara, em suas profundezas escondidas e sagradas, para uma nova vida. Às vezes os mortos e os inascidos voltam para falar com os vivos, e se pudermos crer nas evidências de diversas lendas, eles gostam de se manifestar pelos sabugueiros.

Seus frutos, os sabugos, eram provavelmente usados como pintura corporal, um costume bastante popular entre as tribos dos celtas e pictos. A cor azulada era associada à proteção. Há muitos tabus que proíbem o corte de sabugueiros. Se um camponês realmente precisasse, ele podia cortá-la, desde que o agressor se ajoelhasse, rezasse e se desculpasse com muita humildade: "Senhora Ellhorn, por favor, dê-me sua madeira, assim como eu lhe darei a minha, quando ela crescer na floresta". Todas as partes da árvore, folhas, frutos e botões, eram usadas para remédios, para suar a febre.

ZIMBRO – Era protegido por tabu, exatamente como o sabugueiro. O zimbro, usado para fazer gim e todo tipo de remédios para limpeza do corpo, era um dos incensos mais populares do norte. O costume ditava que todos os cômodos da casa precisavam ser purificados com a fumaça diversas vezes ao ano, em especial durante e após doenças. Nos anos de praga, os bem-informados carregavam ramos fumegantes de zimbro para espantar espíritos malignos. Este método certamente faz maravilhas, pois a madeira do zimbro tem poderes desinfetantes.

O nome alemão *Wachholder* (o fruto do zimbro) mantém a raiz indo-europeia *veg*, que significa "tecer, amarrar", o que pode nos lembrar das Nornas. Outra explicação linguística está focada no *Wach*, que significa "despertar" ou "vívido", no sentido de "vivo". O costume ditava que camponeses tiroleses tirassem seus chapéus ao passar por um zimbro.

MACIEIRA – A maçã original, como os celtas e germanos a conheciam, era uma coisinha difícil, dura como madeira e muito amarga. Embora ela mal pudesse ser comida, as pessoas a adoravam, e fizeram dela um símbolo da vida. Iduna, a deusa nórdica da juventude e da imortalidade, oferece seus presentes na forma de maçãs. Na lenda de Avalon, ou Affalon, encontramos outra pista, pois este paraíso de outro mundo era chamado de "Appledale".[3] Cidra de maçã tornou-se uma das vias de acesso aos extáticos estados mentais de outro mundo. Eu gostaria de acrescentar que a maioria das frutas, como

3. N.T.: Em inglês, *apple* quer dizer maçã, e *dale*, várzea.

as conhecemos hoje, foram cultivadas e difundidas pelos romanos. Pouca mitologia está associada a elas, pois quando os romanos vieram, boa parte da religião pagã local foi erradicada.

TEIXO – São normalmente árvores da morte. Podem ficar muito velhas e resistentes, com madeira firme, que pode chegar a até mil anos de idade. Os melhores arcos eram feitos de teixos, e estes arcos estiveram tão na moda que a árvore está quase extinta hoje em dia. Ela sobrevive como uma popular árvore de cemitério, "com uma raiz em cada caixão", como diz o ditado. Teixos são sagrados para Ullr, o deus nórdico do inverno e da caçada. Como todas as partes do teixo são tóxicas, não é uma boa ideia queimá-lo no seu rito da mandala.

ESPINHEIROS – São frequentemente sinais de gigantes e monstros. Nos velhos tempos, galhos de espinheiros eram plantados ao redor das vilas (a expressão inglesa "thorpe" e a alemã "Dorf" contêm a palavra – em inglês, "thorn") como uma proteção natural, para manter do lado de fora aviltadores, bandidos e gigantes (é claro). Bruxas costumavam se agachar nesses arbustos (a palavra alemã *Hexe* vem de *Hagazussa*, que significa bruxa ou, literalmente, "aquela que se senta no espinheiro"), entre os mundos, em contato ao mesmo tempo com o conhecido e o desconhecido.

Plantas menores

E havia também plantas menores sagradas para os deuses. Todos os botões pertenciam a Nanna na mitologia nórdica, pois Nanna, esposa do deus da luz, Balder, é ela mesma o botão.

MILEFÓLIO – Claro e radiante, é provavelmente a erva chamada de "sobrancelha de Balder" na *Edda*.

VISCO – Conecta-se com Balder (de uma forma relativamente dolorosa), com o Hod cego (que não sabia o que estava fazendo) e com

Loki, que nos garante sua inocência. *The Golden Bough*[4] (veja bibliografia) descreve incontáveis ritos desse tipo.

MARGARIDAS – eram dedicadas a Ostara, deusa da primavera.

PLANTAGO – Chamado de *Wegerich* em alemão, que significa "Senhor dos Caminhos", o que pode se referir a Wodan como um viajante.

ARTEMÍSIA – É uma erva dedicada à deusa em diversas culturas. Era frequentemente usada para facilitar o parto, para aquecer e relaxar. Em países mediterrâneos, a planta era dedicada a Diana e Ártemis, que era provavelmente conhecida como Aradia no norte da Itália, e pode corresponder com a deusa-ursa celta Artia.

GRÃOS – Eram sagrados para diversas divindades e seres mágicos, tais como Bride, Cerridwen, Frey, Freya, Gerda, Jörd, Erke e Granis.

PRIMULA – Conhecida como *Schlüsselblume* (flor-chave), era a "chave" para todo tipo de colinas e montanhas mágickas. Carregar a flor era um método garantido de encontrar acesso aos "reis sob as colinas".

CARDO e **URTIGA** – São o presente de Loki para o mundo. Diz o ditado: "eu conheço essa erva, disse o diabo, e relaxou nas urtigas". Estas plantas podem simbolizar o poder de resistir.

4. N.T.: *O Ramo Dourado*.

JORNADA PELA TERRA CONGELADA

CAPÍTULO NOVE
ESPÍRITOS DA NATUREZA

No verão de 1925, Aleister Crowley viajou para a Turíngia para encontrar os chefes de diversas lojas em uma conferência. Com sua humildade característica, Tio Crowley apresentou-se como "Sir Aleister Crowley", o que deve ter impressionado aqueles ritualistas extremamente sedentos por títulos.

Em *Blätter für angewandte okkulte Lebenskunst*, o periódico da Fraternitas Saturni, esta conferência é mencionada repetidamente. Em um belo dia, conta-se que Sir Aleister e seus convidados saíram para uma longa caminhada pelo jardim e pela floresta. Sempre que Tio Aleister percebia uma planta, pedra ou árvore notável, ele graciosamente levantava seu chapéu para cumprimentá-la. Este comportamento bizarro aparentemente atordoou seus companheiros. Alguns novatos, pelo que se conta, ousaram sussurrar, "o que o mestre está fazendo?". "Os espíritos elementais da natureza vieram ver o mestre", foi a resposta, "e Sir Aleister está respondendo seus cumprimentos!". Um dos presentes no grupo, Mestre Recnartus, cabeça da Loja Pansophia, perguntou a Sir Aleister como ele conseguia invocar e ver tais espíritos elementais. As instruções foram publicadas por Gregor A. Gregorius, cabeça da Fraternitas Saturni, em um artigo sobre mágicka de pentagrama.

É preciso que o magus entalhe este símbolo, à altura dos olhos, com sua adaga ou faca mágica, em uma árvore solitária ou muito antiga, em algum local desolado. É preciso imaginar que o desenho mágico do símbolo do pentagrama age como um chamado, que se irradia por cerca de sete quilômetros, em todas as direções. Sua radiância, completamente carregada pela vontade de um magus iniciado, será percebida por todos os seres intermediários da vizinhança. O símbolo deve ser entalhado com a mais forte concentração de desejo e imaginação. É útil da hora do crepúsculo à lua cheia, ou na primeira fase da lua crescente. Antes da partida, o mestre Magus deve apagar o sinal de chamada, enquanto pronuncia seus agradecimentos aos seres intermediários.

A fofoca da Fraternitas Saturni diz que o procedimento acima não necessariamente funciona de imediato. O novato deve tentar fazer isso por 7 x 7 = 49 noites, e se não funcionar dentro deste prazo, deve experimentar com outra árvore.

Eu espero que alguns dos mais ousados entre vocês façam agora aquela pergunta óbvia: "o que é, na verdade, um espírito da natureza?". Francamente, eu não sei. Eu não faço ideia do que é realmente um espírito, ou de como eu ou você realmente somos, quanto mais do que a realidade pode ser. Por sorte, não precisamos saber. Nós precisamos de prova objetiva de que alguma pessoa existe de verdade antes de ousarmos proferir aquelas palavras sagradas, "meu irmão, me empresta uma grana?"? É claro que há muitas explicações para exatamente o que os espíritos realmente são.

Um modelo popular no norte da Europa diz que os espíritos da natureza são uma expressão da força vital. Antigamente, nos tempos da adoração da natureza e dos caçadores de cabeças, as pessoas acreditavam que os espíritos estavam por toda parte. Havia espíritos nas plantas e nas árvores, por exemplo, que ajudavam com o crescimento e conferiam individualidade a cada erva, planta, flor ou árvore. Especialmente as árvores velhas e bizarras atraíam a atenção das pessoas do campo. "Olhe para essa árvore", elas diziam, "tem rostos na casca dela! Talvez seja o espírito se revelando!". O mesmo tipo de raciocínio aplicava-se ao restante do cenário. Grandes rochas certamente abrigavam velhos espíritos das rochas e, já que estamos falando disso, podemos também mencionar espíritos de rios, espíritos de lagos, espíritos do pântano, espíritos da fonte, espíritos do milho, espíritos do campo, espíritos da flor, espíritos de animais, espíritos da colina, espíritos da montanha, espíritos do vento, espíritos das estrelas, espíritos da chuva, espíritos do sol, espíritos da lua, espíritos auxiliadores, espíritos do lar e espíritos familiares, que fazem a palavra "espírito" ser um termo terrivelmente vago. Nossos antepassados claramente viviam em um mundo cheio de seres mágicos. Alguns destes espíritos eram considerados amigáveis. Alguns elfos, que viviam em flores e ervas, eram frequentemente amigáveis o bastante para revelar quais usos medicinais poderiam ser extraídos de suas plantas. Mais próximos dos humanos eram os espíritos das casas, os goblins ou Kobolde, que com apenas uns bocados de boa comida mantinham-se felizes e animados, e que em troca protegiam a casa e todos que nela habitavam. E havia também os espíritos dos locais de poder, que eram guardiões e iniciadores dos mistérios de cultos há muito esquecidos, e os espíritos das forças selvagens da natureza. Alguns destes espíritos da natureza eram muito perigosos. Diversos espíritos de rios, pântanos e montanhas exigiam um sacrifício anual de homens ou animais. Se essa cerimônia fosse negligenciada, o espírito furioso demonstrava sua ira em tempestades, enchentes ou avalanches.

Na filosofia dos gregos, a começar com Empédocles (ca. 500-430 A.C.), o mundo era considerado uma mistura dos quatro elementos: terra, água, fogo e ar. Naturalmente, estes elementos tinham seus espíritos. Espíritos da terra eram conhecidos como anões, gnomos, pessoas da terra e, às vezes, como gigantes. Dizia-se que estes seres era a senciência da terra, a consciência da matéria pesada, forte, formada e fértil. Alguns consideram até mesmo que cristais de quartzo são anões; a palavra "quartzo", ou "quartz", vem de "querch", que é uma forma de "zwerch" ou "zwerg", que significa "dwarf" ("anão").

Os espíritos da água eram chamados de ondinas. Acreditava-se que estes seres eram maiores e mais graciosos do que os espíritos da terra, com corpos belos e mentes lascivas. Assim como seu elemento, os espíritos da água estão sempre em movimento. Espíritos da terra ou salamandras eram conhecidos por viverem em terremotos, raios, vulcões, fagulhas e chamas. Normalmente estes seres se comportam de formas selvagens e imprevisíveis. Por último, há os espíritos do vento, que têm pouca forma, mas podem ver e ouvir e sentir tudo, e cantam isso em canções infinitas. No renascimento mágico do século XV, os espíritos do ar eram frequentemente chamados de "silfos", o que significa "espíritos da floresta". Isso faz bastante sentido, se considerarmos o papel das florestas na produção de ar fresco.

Era comum que os espíritos fossem vistos em formas humanoides. Acreditava-se que os anões fossem pessoas minúsculas que viviam nas profundezas do submundo, em cavernas e reentrâncias, trabalhadores dedicados pegando pesado, fazendo cristais ou contando às sementes em que direção crescer. Ondinas de ambos os sexos eram conhecidas por perderem longas horas arrumando seus cabelos ou completando suas maquiagens, de tempos em tempos iam a festividades humanas para beber, dançar a atrair moças ou rapazes apaixonados para sua morte subaquática. Muitos contos populares descrevem como humanos se casaram com espíritos da água, o que normalmente não dava certo. Espíritos do fogo também eram humanoides, mas costumavam alterar suas formas brilhosas e radiantes com tanta rapidez que ninguém conseguia vê-los de verdade. Os silfos, por outro lado, podiam se parecer exatamente como as árvores, se assim desejassem. Estes espíritos, como nos contam Paracelso e outros, são tímidos e se escondem quando os humanos estão presentes. Embora tenham uma natureza amigável, eles raramente falam em palavras humanas. Às vezes são vistos movendo-se: sombras entre as árvores, vistas com o canto do olho. Outros tipos de espíritos do vento eram conhecidos por dar forma às nuvens, ou podem ser vistos correndo e uivando ao lado do selvagem Wode (uma forma local de Wodan), no vento da tempestade.

Na maioria das velhas teorias sobre o mundo dos espíritos, as pessoas assumiam que os espíritos são entidades de verdade, almas das rochas, das plantas, das forças da natureza. Outra interpretação interessante afirma que a realidade que nós percebemos é feita por nós mesmos. Neste caso, os espíritos que nós vemos nas árvores são reflexos de nossas próprias mentes e, em particular, reflexos daquelas partes de nossas mentes que são simbolizadas como "consciências de árvores". Se você evocasse, por exemplo, o espírito de um salgueiro, você efetivamente contataria partes da sua mente profunda que responderiam ao símbolo do salgueiro e se sentiriam familiares com noções tais como "água, cintilação, oscilação, curvas graciosas, galhos que se curvam, etc.".

A evocação de um espírito das rochas pode revelar muito sobre aquelas partes de você mesmo que lhe permitem descansar, esperar, ser paciente, enquanto a evocação do espírito de uma montanha ou floresta pode colocar você em contato com uma consciência grupal, a senciência de toda a biosfera.

Outras interpretações possíveis defendem que alguns espíritos, como os espíritos guardiões, totens animais, aliados ou suas divindades pessoais são principalmente expressões das diversas partes da sua mente profunda, enquanto os espíritos da natureza, que vivem nas plantas, pedras e folhagens, têm uma existência independente de você. Estes seres, assim como nossos deuses e totens pessoais, são percebidos pelas nossas mentes, o que significa que as formas pelas quais os percebemos é uma criação nossa. Naturalmente, isso torna muito difícil decidir se um determinado espírito é parte de nós ou parte do ecossistema local. Na prática, não precisamos decidir. É muito mais importante a questão de o que o contato com algum espírito faz por você. Você aprende algo de novo? Você desfruta do contato? Ele te inspira?

Um modelo mágico útil será delineado a seguir. É a teoria xamânica que vê o ecossistema como uma única entidade viva, composta de miríades de diferentes formas de vida, todas as quais dependem umas das outras. Ao longo das últimas décadas, a biologia começou a descobrir que seres vivos não podem ser vistos fora do contexto no qual eles existem, e que em todos os sistemas ecológicos, todos os participantes estão conectados uns com os outros. Neste sentido, podemos considerar a biosfera como uma única entidade vivente, e a hipótese de que a biosfera deste planeta também é uma única entidade vivente é apenas uma extensão dessa ideia. Esta ideia não é, de forma alguma, nova. Nós a encontramos nas sociedades mais "primitivas", na maioria das teologias xamânicas, na Gestalt Maatiana de "N'aton" e na "hipótese de Gaia".

Se o mundo é um ser vivo, nós somos parte dele tanto quanto os animais, plantas, fungos, árvores e pedras. Qualquer forma de vida que encontremos pode ser vista como uma extensão de nós mesmos (e vice-versa), aspectos de um *self* enorme e multipessoal, que inclui todos os participantes de uma única Gestalt. Isso faz com que todos os seres vivos tenham relações próximas, e considerando a codificação do DNA, essa afirmação não é religião, e sim biologia. Assim, a interação entre uma forma de vida e outra pode ser entendida como comunicação entre *self* e *self*. Nesta enorme aglomeração, o *self* total, cada forma de vida parece desempenhar uma função válida. Cada uma é especializada em fazer um trabalho específico, tanto por si mesma quanto pela biosfera, e a saúde do todo depende da cooperação equilibrada de todas as entidades.

Na visão de mundo xamânica (eu uso o termo "xamã" para especificar um fenômeno internacional, não a tradição de feitiçaria do norte da Sibéria que cunhou a expressão), a mente é organizada de forma similar ao ecossistema. De fato, é uma crença comum que a mente e o ecossistema reflitam um ao outro, e influenciem um ao outro, como é o caso quando a comunidade se reúne para orar, dançar e fazer chover. No começo deste livro, eu falei bastante sobre "partes da mente", que são uma metáfora que as pessoas modernas consideram mais fácil de digerir do que noções como "deuses", "espíritos" ou seja lá o que for. Você se lembra de como essas "partes da mente" fazem o seu trabalho, como cada uma delas é especializada em cumprir uma função em especial, e como elas são harmonizadas por uma "verdadeira vontade" mútua?

No modelo xamânico, as "partes da mente" aparecem em formas naturais. Elas são organizadas e simbolizadas pelas formas da natureza, de forma que aparecem como os "espíritos" ou "deuses" de animais, plantas, árvores, fungos, cristais, pedras, paisagem, rios, lagos, mares, montanhas, florestas, desertos, vento, ar, nuvens, raios, chuva, neve, gelo, sol, lua, estrelas, e mais uma variedade de figuras humanoides, como os ancestrais, os guardiões, os xamãs ancestrais e alguns animais impossíveis, como dragões, unicórnios ou aranhas de cristal. Neste modelo, o "espírito de um animal" seria uma referência a alguma parte ativa e dinâmica da mente profunda, o "espírito de uma árvore" seria mais passivo, ao passo que um espírito de uma rocha seria tão simples, sólido e duradouro que você não encontrará palavras para expressar seu significado para sua mente.

Para o xamã, o mundo natural (externo) e o mundo mental (interno) estão fortemente conectados. Eles são organizados de formas similares, incluem os mesmos itens, e podem influenciar um ao outro. Um corvo crocitando no fim da tarde, sentado em um carvalho, e depois levantando voo e indo para o norte – este gesto seria uma informação muito específica para um xamã, pois corvos, crocitos, carvalhos, finais de tarde e norte, todos são bastante significativos em sua realidade, e fazem sentido como símbolos específicos para partes específicas da mente profunda. Quando o mundo externo é considerado um reflexo da mente profunda, a vida será cheia de mensagens e significados secretos. Você experimentou os ritos de criação de mandalas? Você conectou os itens do mundo exterior (as plantas) com uma diversidade de significados que eles têm para a sua mente. O ritual criou um vínculo. As plantas com as quais você trabalhou não serão mais simples plantas: se você vir uma delas hoje, ela terá muito significado para você.

Para o xamã, bruxa ou curandeiro, o mundo está cheio destas plantas significativas. Depois de alguns anos de prática, toda a natureza terá um significado especial para você. Quando uma determinada planta, animal ou pedra carrega um significado, eles podem tornar-se uma mensagem. Por intermédio da natureza, falando a língua e o simbolismo da vida, o "grande espírito", a senciência mútua do *self* total, pode se revelar. É isso que um xamã quer dizer quando diz "bem, o corvo e o carvalho me contaram isso e aquilo". É bem possível que nem o corvo nem o carvalho estivessem cientes de que transmitiram uma mensagem para nosso xamã, mas enquanto essa mensagem for válida, o sistema parece funcionar bem. Em alguns transes, os xamãs identificam seus ambientes tão diretamente com suas mentes que, na prática, eles estão viajando pelas suas mentes. Essa pode ser uma experiência maravilhosa quando se está na floresta. Em uma cidade moderna, as coisas podem ser bastante pavorosas. Um supermercado poderia ser um reflexo da sua mente? Vamos dissociar o supermercado; a mente que ele reflete pertence a outro tolo.

Chega de modelos para contatar os espíritos da natureza; eu gostaria de propor alguns experimentos de alucinação criativa. Nosso primeiro exercício é alucinar significado humano em formas naturais. Muitos de nós fazíamos isso em nossas infâncias, quando descobríamos que essa pedra "tem uma cara" ou que aquela árvore "está me olhando esquisito".

Exercício quatro: alucinação criativa

Vá para a natureza, seja no campo, em uma floresta, na praia ou em algum parque público ou cemitério. Dê um tempo para relaxar e entrar em sintonia com o mundo natural. Se quiser, você pode induzir um transe agradável para ficar mais ciente de toda a vida ao seu redor. Escolha alguma pedra ou árvore que pareça impressionante e que capture sua atenção por causa de sua aparência única. O que essa visão significa para você? Se essa pedra ou árvore fosse parte da sua mente profunda, qual seria a sua função? O truque é se identificar com a pedra ou árvore. Como você pode fazer isso? Como de costume, eu não sei. Mas você sabe. Isto é, a sua mente profunda sabe, e se você experimentar um pouco, ela revelará exatamente o que funcionará para você.

Consideremos que você tenha encontrado uma pedra grande. Primeiro você precisa contatá-la, vê-la, senti-la, ouvi-la, percebê-la da forma mais intensa possível. Não tenha pressa nenhuma. Descreva o que você percebe, e como as pedras são bastante lentas, permita-se ir bem devagar. Como essa pedra sentiria? Ela está descansando ou em atividade? Ela está deitada, sentada, agachada, esgueirando-se, rastejando, dormindo ou sonhando? A pedra está desperta? Você acha que a pedra percebe você? Que tipo de significado você consegue atribuir a ela? Como seria se você fosse essa pedra? Você consegue se imaginar em seu lugar, dia após dia, ano após ano, na chuva, na neve e no sol?

Às vezes, quando eu caminho em transe pelo bosque, eu me inclino muito ao sentido da visão. Nestas horas, boa parte do monólogo interno se dissipa ou é simplesmente esquecido, enquanto eu observo com os olhos arregalados e a mente vazia. Então eu movo meus olhos para que eles toquem e façam contato. Vendo uma árvore, eu vejo o tronco e sinto-o com meus olhos, a textura e os musgos na superfície, a pressão no tronco, o ângulo dos gravetos, o movimento do crescimento dos galhos, a leveza e a flexibilidade da folhagem dançando ao vento. Vendo, eu consigo sentir os pontos de calor onde o sol bate no caule, a densidade das raízes que se agarram ao solo, a oscilação dos galhos. Cada uma dessas visões é percebida como uma sensação.

BOSQUE DOS ESPÍRITOS

Você consegue passar seus olhos por uma árvore, sentindo a forma, sentindo o crescimento e o significado da forma? Se seus braços fossem galhos, ou se os galhos da árvore fossem braços, o que cada um dos gestos significaria para você? E quanto à postura da árvore? Ela está ereta ou inclinada, ou se curva, ou se retorce, ou dança? Você consegue repetir essa postura com seu corpo? Você consegue definir seu significado com palavras humanas?

O que fizemos nestes exercícios foi alucinar significados humanos em fenômenos essencialmente não humanos. É claro que não sabemos se alguma árvore com uma aparência ereta realmente se sente "orgulhosa"; tudo o que sabemos é que esse tipo de postura significaria "orgulho" para nós. Não nos é possível saber se nossas alucinações têm alguma coisa a ver com a consciência daquela árvore, assim como não podemos presumir saber o que os gestos de outras pessoas significam para elas. E ainda assim, todos nós fazemos isso, com uma frequência maior do que imaginamos. Você consegue se lembrar de ver seu ou sua amante com, digamos, um rosto tenso, ou fazendo um bico? E não é fácil alucinar que isso significa "ira", "frustração" ou pior? É pura alucinação assumir que alguém sabe o que tais sintomas significam para o outro. É verdade, você pode chutar, e às vezes você pode chutar razoavelmente bem, mas no fim das contas, é impossível ter certeza. A tensão muscular pode significar dezenas de coisas que você nunca se deu ao trabalho de pensar ou considerar. E, ainda assim, quantas vezes você não recebe um sinal como este e insiste em reagir, ficando chateado, magoado ou infeliz? Quando tentamos perceber o humor de uma árvore, nós não sentimos o que essa árvore realmente experimenta, mas aquilo que nós imaginamos que ela experimenta. É o efeito daquela árvore em nossas mentes que nos diz respeito. Se a virmos como um símbolo ou uma mensagem, teremos consciência de que essa mensagem tem um efeito sobre nós.

Tente o seguinte. Encontre algumas árvores que pareçam "tristes", "sorumbáticas" ou "infelizes" para você, sendo essa a emoção que a sua mente recebe pelas formas das árvores. Agora passe um tempo lá. Isso influencia o seu humor, o seu estado mental? Depois experimente o outro extremo. Encontre algumas "árvores encantadas", ou árvores que pareçam "poderosas" e "mágicas". Como é estar lá? Não importa, na verdade, se as árvores sentem esse encanto. Desde que você receba essa mensagem, e reaja a ela, o encanto pode ser bastante subjetivo, e ainda assim será real o bastante para você.

Você se lembra de como eram as árvores quando você era criança? Você se lembra de descobrir caras estranhas e figuras bizarras nos seus troncos? Você consegue ver (ou imaginar) seres, lugares, paisagens, nas reentrâncias e líquens de uma pedra? Você se lembra da sua infância? Como era ir para a cama? Quando as luzes se apagavam, você via criaturas espreitando nas sombras?

Aqui chegamos a um exercício que Leonardo da Vinci popularizou entre os artistas mais malucos. Um amigo dele vivia em uma cidade que tinha uma parede de cuspir. Esta era uma parede normal, velha, caindo aos pedaços, cheia de rachaduras, pontos coloridos e buracos. A parede era dedicada a algum santo. As pessoas acreditavam que dava boa sorte cuspir na parede ao passar por ela. Um dia, um pintor amigo de Leonardo passou pela parede e foi atingido por todas as visões impressionantes, todas as cenas bizarras e entidades fantásticas que ele conseguia observar nas cores, rachaduras e camadas ancestrais de limo. Aparentemente, ele perdeu horas olhando para essa parede, com os olhos arregalados. Então ele correu para contar sua experiência para Leonardo, que logo passou essa prática para associados com pensamentos similares. Como nem todos os pintores têm sorte o bastante para ter uma parede tão sinistra em suas vizinhanças, ou eram preguiçosos demais para fazer e decorar uma, Leonardo recomendava observar as nuvens como uma alternativa simples. Esta sublime ocupação tem a vantagem de poder ser praticada em uma postura relaxada, que pode muito bem facilitar o início natural de transe ou sonolência.

Um fenômeno similar e bem conhecido é o teste de Rorschach. Parece que ao confrontarmos nossas mentes com formas aleatórias com complexidade suficiente, a mente tentará ver formas significativas no material disponível. Talvez você queira experimentar isso. Escolha alguma estrutura altamente complexa, como grandes nuvens ou pedras ásperas, e relaxe. Entre em um transe leve, se preferir. Olhe para as formas. Observe a superfície. Olhe sem dar nomes aos detalhes.

Você consegue ver sem discurso? Há muitas formas de interromper o monólogo interno. Não precisamos ser drásticos para realizar isso. Às vezes é o bastante permitir que a voz interior se enfraqueça por um tempo, ou esquecê-la, ou estar ocupado demais para dar atenção às palavras. Se você precisa ter uma voz interior o tempo todo, você pode pedir a ela para mudar a programação. Enquanto você ficar repetindo para você mesmo que isso é só uma pedra com umas rachaduras aqui e uma quina ali, e uns pontos coloridos ali, e que a coisa meio verde é só limo, sua mente se agarrará à interpretação que você está verbalizando. É uma interpretação razoável e restrita, se o que queremos fazer é imaginar novas formas nos materiais dados. Às vezes eu atropelo a "voz interior razoável", fazendo com que ela não seja razoável. Você consegue falar consigo mesmo na linguagem do caos?

Você consegue ouvir sua própria voz interna criando música ou cantando padrões sonoros abstratos? Você consegue ouvir a ausência de som? Isso pode ser ao mesmo tempo simples e difícil. Apenas olhe para a superfície da sua pedra. Imagine que você não sabe o que é, você simplesmente está vendo forma. Se você fizer isso por tempo o bastante, sem dúvida toda espécie de figuras e formas aparecerá. Talvez seja difícil a princípio. É uma habilidade que pode ser desenvolvida.

O que está acontecendo? Como essa pedra conseguiu esse rosto, um rosto fantástico que apareceu por um momento e depois voltou a desaparecer nas formas normais de uma superfície comum de pedra? Pessoalmente, eu suspeito que as pedras (e todas as outras coisas) são muito mais complexas e maravilhosas do que nós costumamos perceber. Quando um hemisfério do cérebro para de chamar este fenômeno maravilhoso de "uma simples pedra" e cala a boca por um momento, o outro hemisfério pode ter uma oportunidade de perceber essa pedra como uma experiência única e nova, e de experimentá-la como algo novo e original.

Dadas estruturas aleatórias suficientes, a mente fica livre para alucinar todo tipo de figuras oníricas fascinantes. Essa é uma das formas pelas quais os antigos videntes e profetas encontravam sabedoria e inspiração ao olhar para fumaça de incenso ou uma sarça ardente que certa vez apareceu. O mesmo tipo de coisa aconteceu com Odin ao ficar pendurado em uma árvore. Depois de dias de jejum e exaustão, nosso deus "xamã ancestral" descobriu que as formas aleatórias dos galhos se alinhavam em padrões geométricos significativos, e recebeu deles as runas.

Exaustão e silêncio interior são apenas duas formas de colocar a imaginação para funcionar. Medo é outra. Carlos Castañeda frequentemente descreve como Don Juan o assusta com aliados, criaturas da noite, espíritos monstruosos e feiticeiros malignos. Assim que Castañeda fica completamente aterrorizado, ele os vê espreitando por toda parte, e o medo resultante costuma tornar a visão mais forte. Como este é um dos melhores atos de seu programa, ele repete essa rotina do medo em todo volume. Para que serviria este método? Nada como um pouco de medo para perturbar um ego que tenta ser razoável demais.

Agora, a evocação dos espíritos da natureza propriamente dita. Você leu como Crowley proveu um sigilo, e este sigilo nos conta bastante sobre o processo. O pentagrama "invertido" supostamente chama os espíritos. Sua base traz um símbolo da terra, como os espíritos desejados são da natureza. Suas quatro pontas, que normalmente são associadas aos quatro elementos, mostram cada uma um ancinho lunar, que indica que os espíritos dos quatro elementos devem aparecer no reino astral ou lunar, de sonhos, reflexos e imaginação. A forma no meio talvez sugira um besouro, que está ligado ao arcano "A Lua" do tarot, uma carta que tem muito a ver com os reinos dos sonhos e alucinações.

Para começar, eu gostaria de observar que nós "veremos" nossos espíritos da natureza com os "olhos da imaginação", significando que a visão será muito parecida com um devaneio vívido. Observaremos uma visão muito subjetiva, pois nosso espírito assumirá uma forma adequada à nossa compreensão. Não é incomum que duas pessoas recebam visões completamente diferentes do mesmo espírito, e que as duas estejam certas. Sua visão não será exatamente a mesma que a de nenhuma outra pessoa. Isso é bastante natural. A informação que você receberá será processada e representada pela sua mente, e assim como a sua mente é única, sua visão também será. Um número muito grande de magos iniciantes ficam frustrados tentando ter as mesmas visões que as autoridades descrevem.

Se lembra de todas as visões curiosas que Castañeda descreve? Como muitos de vocês tentaram ver os "buracos na aura" ou os movimentos do "ponto de reunião"? Você considerou essas ideias como fatos ou como metáforas? Em todas as visões, lidamos com dois itens básicos: uma forma que percebemos e um significado que essa forma tem para nós. Formas têm significados diferentes para pessoas diferentes. Quando nossa mente profunda quer se comunicar conosco, ela precisa usar uma forma que sugira o significado correto para nós. Estas formas podem ser muito diferentes, mesmo que seu significado seja o mesmo. Mas acontece que a maioria de vocês não são intelectuais mexicanos com personalidades divididas. Se as visões que você recebe forem exatamente como as de Castañeda (ou as minhas, ou as de qualquer outra pessoa), você provavelmente está se enganando. Você consegue ousar ser original?

Do que precisamos para ver um espírito de uma árvore? Primeiro de tudo, obviamente precisamos de uma árvore. Se você escolher uma árvore forte e saudável, esse é um bom começo; árvores doentes ou aleijadas costumam levar a visões difíceis. O mesmo vale para árvores muito próximas ao trânsito ou indústrias; estas árvores provavelmente não têm uma opinião muito boa sobre as pessoas. A árvore ideal para nosso experimento é uma que você

ELFOS DE SEMENTES

conheça e ame há anos. Uma árvore assim pode muito bem abrigar um espírito que sinta simpatia por você.

Em seguida, considere a estação. Eu acho mais fácil contatar espíritos de árvores durante a primavera, verão e outono, quando a árvore está ativa e a seiva está fluindo, do que no inverno, quando a maior parte de sua consciência está nas raízes. Isso não se aplica às árvores perenes, que podem ser evocadas a qualquer época do ano, e a algumas árvores em especial, que podem ser consideradas boas amigas. Tais árvores reconhecerão você mesmo quando estiverem dormindo e sonhando. Certifique-se de que você conhece bem a sua árvore. As 7 x 7 repetições da fórmula de Crowley fazem exatamente isso: mesmo o mago mais urbano começará a considerar a árvore como um ser vivo depois de passar quarenta e nove noites com ela.

A partir de agora, meu conselho técnico passa a ser um pouco vago. Eu posso lhe contar alguns dos métodos que podem aumentar suas probabilidades, e posso prover uma estrutura de condições que tornarão a evocação mais fácil para você. No trabalho propriamente dito, você estará por conta própria. Sinta-se à vontade para usar qualquer método que achar adequado. Se você houver praticado algumas das técnicas descritas neste volume, suas chances de sucesso serão bastante boas. Se você tiver aprendido a inventar suas próprias técnicas e a aplicar as técnicas descritas de formas criativas e incomuns, você estará em uma posição muito melhor. Este livro não foi escrito para produzir uma nova tradição de exercícios e habilidades técnicas. Ele é mais como uma atitude de cabeça aberta, uma mistura de interesse e dedicação, que permite que cada mago honesto observe, aprenda, adapte e invente formas únicas de alterar a identidade e a realidade, de dentro para fora. Você está disposto a aprender de você mesmo?

A tarefa propriamente dita de ver um espírito de uma árvore é ao mesmo tempo simples e difícil. Falar com a árvore é uma boa prática, pois amplificará sua experiência e colocará você em contato mais próximo com ela. Talvez o espírito da árvore não entenda suas palavras. Ele certamente entenderá seu humor e sua atitude. Um sentimento de simpatia genuína é o melhor elo possível. De uma certa maneira, este rito é um ato de amor, da mesma forma que toda evocação: entra-se em comunicação com um aspecto do universo do qual até então não se tinha consciência, e este ato de comunicação é um ato de união.

Abrace sua árvore e fale com ela. Permita-se desacelerar, relaxe e deslize para um suave estado de transe. Chame pela árvore, conte a ela que você deseja ver seu espírito, peça-a, amigavelmente, que ela se mostre em uma forma que você consiga entender. Apoie sua cabeça contra a árvore. Olhe para o tronco, sinta como você abraça o caule, deixe seus olhos se fecharem. Imagine que você está vendo a casca, da mesma forma como você a via quando seus olhos ainda estavam abertos. Se sua imaginação não for vívida o bastante, abra seus olhos brevemente e dê outra olhada. Repita isso até que você consiga "ver" a casca com os olhos fechados. Então, imagine que a casca se torna transparente e que você consegue ver dentro da árvore, que pode parecer bastante com um tubo oco. Olhe para dentro da sua árvore. Você consegue ver as raízes, consegue ver os galhos? Algumas pessoas veem o espírito imediatamente. Algumas o veem, mas não o reconhecem, como costuma ser o caso quando o ego insiste que este ou aquele fenômeno deve atender suas expectativas.

Como o ego frequentemente espera o tipo errado de evento, ou foca a atenção em alguma direção pouco interessante, é bastante possível que percamos bastante tempo esperando por algo que já está acontecendo, embora em uma forma que não reconheçamos. Alguns veem a árvore em uma forma humanoide. Alguns a percebem com a audição, ou com o tato, antes que uma imagem apareça. Alguns recebem uma quantidade enorme de sabedoria das árvores, e então reclamam que não viram espírito nenhum. *Sempre que o seu ego esperar algo específico, você com certeza vai perder algo vital.* O espírito da árvore não se comportará como você espera. Ele pode revelar-se em uma forma ou em cem, ele pode ser temperamental, ou amigável, ou zangado. Ele pode te enganar, ou brincar com você, mandar para você todo tipo de inspiração estranha, ou fingir que simplesmente não está lá.

Não se preocupe. Com paciência suficiente, você se acostumará. Algumas pessoas são tudo, menos pacientes. Elas recebem um pouquinho de uma coisa ou outra durante a primeira tentativa, depois fazem um estardalhaço tentando avaliar, analisar, ou pior ainda, tentando descobrir se fizeram direito. Como eles fazem isso? Eles perguntam ao seu ego se a experiência está de acordo com as expectativas, e, naturalmente, não está. Ai, caramba! O próximo passo é se preocupar, ficar em dúvida, demandar resultados instantâneos, se sentir incompetente e declarar que todo o evento foi um "fracasso". É comum que o ego comece a uivar: "eu não consigo!!!". O que é verdade, e é natural. Não é a mente consciente que trabalha a visão, nem é a mente consciente que contata o espírito ou representa sua forma e significado. Tudo isso é feito pela mente profunda, que trabalha muito melhor quando o ego cala a boca e para de se intrometer.

Com que frequência acontece de pessoas dominarem novas habilidades durante suas primeiríssimas tentativas? Na mágicka, em especial com invocações e evocações, estamos descobrindo e integrando partes de nós mesmos que permaneceram latentes e desconhecidas por boas partes de nossas vidas. Pode levar meses e anos para se resolver com elas. Aqueles que se apressam demais nunca conseguirão.

Algumas outras pessoas conseguem bons resultados olhando através da casca transparente da árvore. Alguns demandam uma invocação mais longa e detalhada, ou uma oração, ou um chamado. Outros são mais passivos, e contatam o espírito da árvore esperando. E há também aqueles que gostam de imaginar que entram na árvore e viajam para cima e para baixo do caule, até encontrarem algum ser. Outra boa variação é transformar-se em uma árvore, um pouco da metamorfose já descrita em *Helrunar*. Aqui vai uma descrição em linhas gerais da técnica.

Exercício cinco: metamorfose

Encontre algum espaço aberto próximo às árvores que você deseja contatar. Fique de pé, com os pés juntos, as mãos pendendo aos seus lados. Respire fundo algumas vezes, depois relaxe e feche os olhos. Sem pressa, você agora imagina que se torna uma árvore. Você consegue sentir o seu corpo como um pilar... como uma única linha... um caule sólido... camada após camada... de madeira forte... você consegue ver a casca... que cobre sua pele... e você descansa... dentro, profundamente... o silêncio... uma sensação boa... dentro de você... desloque sua atenção... você consegue sentir seus pés... tocando o chão... e sente que raízes crescem de seus pés... raízes compridas... raízes duras... dentro da terra... atravessando o húmus... rumo aos reinos mais profundos... prendendo-se à rocha sólida... firmemente ancorada... bebendo das águas escuras e profundas... que fluem no fundo, abaixo da superfície, e sente a seiva subindo... se movendo... e transportando para cima todos os nutrientes das profundezas... Você sente como o caule transporta os líquidos, e você lentamente começa a oscilar, como a árvore oscila, e sua atenção passa para a altura... para os galhos... que se desdobram... de seus ombros... de sua cabeça... os galhos crescem... Sinta-os crescendo... indo para fora... para cima... Galhos firmes... gravetos elásticos e folhagem exuberante... Folhas que se curvam e dançam e oscilam no sopro do vento... A árvore oscilando sob o céu aberto... nos ciclos da natureza... há vida na terra... Há alegria em estar vivo.

Adapte este padrão básico para se adequar às suas necessidades e desejos. Depois que você tiver se tornado parecido o suficiente com uma árvore, você pode aprender muitas coisas sobre árvores, a natureza e a terra; coisas que você até então não sabia. Uma prática muito similar foi desenvolvida por Albert Einstein, que alguns consideram um cientista "objetivo", sério e respeitável. Um de seus

FANTASMAS DO BOSQUE DE FAIAS

Gedankenexperimente consistia em passar longas horas imaginando que ele era um fóton voando pelo espaço. Que tipo de vida um fóton levaria? Eu não sei, e provavelmente Einstein também não sabia. Sua imaginação era muito subjetiva, afinal de contas. E ainda assim, ela o levou a descobrir todo tipo de coisas incomuns sobre o espaço e o tempo, coisas que cientistas mais "objetivos" nem ousariam sonhar.

O que dizer dos outros espíritos da natureza? Os padrões essenciais usados para evocar um espírito de árvore podem ser facilmente adaptados para os espíritos de plantas, ervas, mostos e flores. Espíritos de pedras podem ser difíceis. Se você for calmo e paciente, e não tiver pressa, você pode sintonizar-se à consciência das pedras. Algumas pedras são cheias de surpresas. Há ensinamentos esotéricos que afirmam que pedras, em particular se forem ricas em quartzo, acumularão e conservarão pensamentos e emoções fortes. Uma pedra que tenha sido envolvida em fortes erupções mágicas de cerimônias e emoções apaixonadas manterá essa informação por anos, ou até por séculos. Pedras vêm sendo carregadas com ideias vívidas para criar espaços de tempos naturais. Essa informação, escondida em muitas pedras em muitos locais sagrados ou santuários, tem seu próprio "comprimento de onda". A maioria dos turistas que transitam por todo o lugar nem perceberão. Aqueles com talento para a mágicka podem, talvez, tocar algumas dessas memórias, que são relacionadas a si. Aqueles que trabalham pacientemente e se dão ao trabalho de explorar uma rocha por meses ou anos podem descobrir que muitos cultos de diferentes eras praticavam sua mágicka nas proximidades, e que cada um deles deixou um fluxo de memória diferente em algum comprimento de onda da pedra.

Na prática, é útil passar bastante tempo com a rocha escolhida. Apoiando sua cabeça contra ela, você pode permitir que seus olhos se fechem e imaginar que está enxergando dentro dela. Uma prática similar é mencionada por Frater Achad em um artigo sobre clarividência. Como diz Achad, o esforço de olhar fixamente para uma bola de cristal às vezes pode ser demais. Conforme o transe se assenta e a visão do seu cristal fica desfocada, pode acontecer de os olhos se sentirem cansados e terem vontade de fechar. Isso é bem aceitável. Você pode continuar olhando para o seu cristal com os olhos fechados, e esquecer do cristal quando a visão começar.

E há também aqueles que praticam psicometria, e tentam olhar para o passado de um determinado objeto usando a imaginação. Normalmente o objeto é segurado por um tempo, e depois colocado na testa ou no plexo solar. Com os olhos fechados, nosso médium olha para o objeto, mantendo uma mente muito aberta, pronto para receber todo tipo de sensação. Alguns olham para o objeto como se ele fosse transparente. Outros imaginam que o objeto está coberto com um véu ou cortina, e o abrem quando estão prontos. Aventureiros mais ousados imaginam que o objeto está aberto, e andam para dentro dele, e para os estranhos mundos que estão além. Alguns objetos já tiveram tanto uso mágico que podem de fato iniciar um vidente de mente aberta. Outros têm uma história selvagem e sangrenta, que pode ter um efeito e tanto se o vidente não se dissociar rápido o bastante.

Que valor têm essas nossas visões? Não podemos esperar perceber realidades objetivas usando nossas mentes subjetivas. Seria bastante estúpido insistir que qualquer visão seja "verdadeira" ou "real", não importa o quão vividamente ela seja percebida. Nós não temos que acreditar ou desacreditar naquilo que experimentamos. No fim das contas, o único teste de qualidade é aquilo que fazemos com nossas experiências. Se uma visão emociona, comove, ensina, inspira ou transforma você, essa visão, não importa se é "verdadeira" ou "ilusória", é genuína o bastante.

E quanto aos espíritos elementais? E quanto a se expor aos elementos? Um enorme contingente de bruxas modernas trabalha do conforto de suas salas bem aquecidas, pensando pensamentozinhos abstratos sobre este símbolo e aquela metáfora, nunca se dando ao trabalho de reconhecer a força crua e selvagem que reside em cada elemento. Fogo e água, vento e terra, tornaram-se meros símbolos para os moradores das cidades. Para nossos ancestrais, eles eram realidade, o que quer dizer que a pura sobrevivência dependia deles. Quanto de fogo você descobrirá na sua natureza se a maioria dos fogos que você viu queimar estavam queimando na televisão? Como você pode acreditar nos poderes de cura da terra quando a maior parte da terra que você conhece está coberta de asfalto e concreto? As ondinas gostariam de ser contatadas por meio de um copo de água da torneira? É claro que há pessoas capazes de fazer isso, que conseguem evocar espíritos do fogo a partir de velas ou espíritos da terra a partir de vasos de plantas. Quando você tiver experimentado os espíritos elementais na natureza, onde eles são ativos e fortes, e tiver desfrutado do brilho do sol e das chuvas, ventos selvagens, caminhadas pelo campo e tempestades de neve, você os conhecerá bem o bastante para entrar em contato onde quer que esteja.

Para evocar um espírito elemental, é interessante se expor ao elemento em questão. Os espíritos da terra no campo aberto, onde você consegue cheirar e sentir o gosto do solo, mostram uma diferença clara em relação aos espíritos da terra da cidade. De um ponto de vista abstrato, pode-se argumentar que a terra, como simboliza os princípios abstratos de forma, peso, solidez e resistência, está presente tanto na cidade quanto no campo. Estas qualidades, no entanto, certamente não são tudo que a terra tem para oferecer. Alguns de nós, graças à deusa, têm um interesse inato nas virtudes geradoras de vida da terra, e essas, como mostra a prática, não são nada manifestas nas profundezas da enormidade de concreto de nosso ambiente criado pelo homem. É mais fácil entender os elementos em suas formas naturais. Quando você se senta ao lado de um córrego, ouvindo a água gorgolejar e cantar, sentindo sua umidade fresca, observando o brilho da luz, o ritmo das ondas, a dança das bolhas e da espuma, você terá uma chance muito boa de reconhecer a essência da água, seja na natureza, seja como um espírito daquele córrego, seja dentro de sua própria natureza. Com o humor certo e no ambiente certo, o contato pode ocorrer com bastante naturalidade.

Na prática, você perceberá que o contato com alguns espíritos é mais fácil do que com outros. Se você tiver um temperamento selvagem e vigoroso, os espíritos do fogo estarão mais de acordo com a sua natureza do que os espíritos lentos e pacientes da terra. Neste caso, um trabalho de fogo será fácil, mas um trabalho de terra será duas vezes mais valioso, pois lhe dará a chance de desenvolver novos aspectos e talentos seus. Para o magus profissional, cada novo espírito, deus ou entidade representa uma chance de descobrir e desenvolver um novo aspecto do *self*. Lembremos da congruência. Se você deseja encontrar espíritos do fogo, é bom acender uma grande fogueira. Para ser congruente com esta fogueira, você pode dançar ao seu redor, gritando e cantando, até que a satisfação tome conta de você e o suor cubra toda a sua pele. Quando você estiver se sentindo muito ígneo, faça contato. Feche os olhos. Veja as chamas em sua imaginação. Chame os espíritos para que apareçam. Então imagine que você anda direto para dentro do fogo, em um mundo composto de calor, luz, brilho e intensidade. Os seres que você pode encontrar nas chamas dançantes realmente conhecerão o fogo, pois é sua pura essência, substância, consciência e forma. Conforme você se entende com eles, você também se entenderá com os aspectos do fogo em sua própria natureza.

Como você pode ser congruente com os outros elementos? Espíritos da terra podem ser alcançados em um estado de descanso e relaxamento profundo. Espíritos da água correspondem à nossa natureza onírica e emocional e, consequentemente, você pode achar mais fácil encontrá-los em um estado de suave tontura, com o corpo oscilando levemente, com o discurso vindo em surtos e em pulsos, como o ritmo das ondas. Espíritos do ar são mais sutis. Exposição ao vento ajuda, assim como oração, canto, dança, respiração profunda, discurso livre e o céu aberto. Não espere que eles sejam tão sólidos, dinâmicos ou bem-definidos quanto os demais: é de sua natureza serem fugidios e velozes. Cada um dos espíritos é um especialista. Cada um deles conhece muito sobre seu próprio elemento, e muito pouco dos demais. A consequência lógica é que, se quisermos um conceito equilibrado do todo, teremos que encontrar o máximo de especialistas diferentes que for possível. Focar demais em um único tipo de espíritos ou deuses pode perturbar seriamente o equilíbrio. Dessa forma, quando deixamos o mundo de um elemento, é bom libertar o excesso de energia em sua fonte, lembrando que a cura exige a totalidade da nossa própria vivacidade.

Aterramento

Como podemos libertar um excesso de energia? Se você se sentir "sobrecarregado" ou "chateado" depois de contatar um espírito de árvore, você pode simplesmente libertar o excesso na árvore. Ao tocar a árvore, dizendo "obrigado!" ao seu espírito, permita que a energia saia de você e volte à sua morada adequada. Imagine a energia vividamente. Deve haver uma clara sensação física de "fluxo de saída", que sinalizará que você está indo bem. Outro simples gesto é alongar. Levante suas mãos o mais alto possível, e depois, dando um uivo poderoso, caia no chão. Enquanto você estiver deitado na terra, imagine que o excesso de energia sai do seu corpo e penetra as inomináveis profundezas abaixo. Fôlego após fôlego, você liberta a força na terra. Não se apresse, e permita-se relaxar.

Este tipo de "aterramento" deve estar envolvido na maioria dos rituais. Ele dá solidez ao trabalho, permitindo que todas as forças evocadas encontrem corpo, substância e forma, manifestando-se na terra. Pense em todas as coisas boas que se manifestarão a partir do poder quando ele tiver saído de você e entrado na terra para se manifestar no mundo da realidade. É uma marca do mago avançado colocar bastante ênfase no aterramento. Evitar o aterramento é ficar inchado de energias desequilibradas: acumular poder é uma forma excelente de fazê-lo se estagnar e putrefazer. No fim do rito, libertamos o excesso de energia no chão. Este poder não se perde. Há consciência nele, a senciência de nosso trabalho, e essa "criança", que é tanto energia quanto inteligência, começará a viver depois de a libertarmos.

ESPÍRITOS DO VENTO E DO AR

CAPÍTULO DEZ
DESPERTANDO AS FERAS

Este capítulo é dedicado às alegrias de fazer mágicka com os espíritos das feras. Antes de mergulharmos na prática, no entanto, eu gostaria de resumir e desenvolver alguns pontos teóricos. É bastante possível que você tenha achado as teorias implicadas pelo último capítulo difíceis de entender; o que, aliás, é como deveria ser. Quando lidamos com metáforas tais como "deuses", "espíritos", "mente consciente" e "subconsciente", e similares, não estamos descrevendo a realidade como ela é, mas como ela aparece para nós. Quando eu falo das estruturas da consciência, não estou descrevendo nenhuma espécie de realidade, e sim uma série de modelos mágicos e psicológicos que podem ou não ser úteis para se entender com o desconhecido. A eficácia destes modelos depende de como você os usa. Em alguns exercícios anteriores, você (assim espero) vislumbrou ou encontrou alguns espíritos da natureza. Você pode se lembrar desta difícil pergunta – um espírito da natureza é um aspecto de você mesmo ou uma entidade independente? Apoiadores de uma teoria mais psicológica provavelmente preferirão considerar os espíritos da natureza como projeções de suas próprias mentes.

Maggie/Nema propõe um ponto de vista alternativo: "Considere essa proposição: se tudo que é vive, tudo que vive é inteligente. Nós reconhecemos, esotericamente, diversos níveis de vida: animal, vegetal, protista, bacteriana, viral. Não seria possível que houvesse inteligência mineral, pensando de forma extremamente lenta através de mudanças de pressão em cristais? Não seria possível que houvesse vida solar, pensando por meio das correntes de convecção do plasma? Não seria possível que houvesse vida subatômica, pensando por meio de spins, cargas, mudanças de faixa quântica e atravessando a distinção entre matéria e energia?".

Obviamente, não podemos decidir se um determinado espírito da natureza é uma alucinação significativa produzida por nossas mentes ou se tem uma vida independente, como nossos vizinhos da casa ao lado. Além disso, a questão, quando vista como um caso de "ou isso ou aquilo", é simplesmente limitada demais. Ambas as explicações têm suas limitações. O que você pensa sobre uma afirmação como essa: "Bem, quando eu contato os espíritos do fogo, eu contato a antiga senciência do fogo, como ela sempre foi e sempre será. Eu também estou fazendo contato com os aspectos de mim mesmo que podem ser chamados de ígneos, como o calor do metabolismo, o sistema energético e as partes da minha mente ligadas a poder, calor, desejo, instinto selvagem, movimento e similares"?

O que você acha dessa explicação? Você gostaria de viver em um mundo que vai além do pensamento rudimentar de "ou isso ou aquilo", estendendo-se ao potencial expresso por "ambos/nenhum e talvez"? Se a evocação revela alguma coisa, é o fato de que nossos próprios limites e autodescrições são artificiais. Essencialmente, o seu *self*, o meu *self*, o *self* total e a ausência de *self* estendem-se por toda parte.

O modelo da mente como um ecossistema já foi mencionado. Aplicando-o, você descreveria as diversas partes de sua mente como "espíritos", que podem aparecer em todos os tipos de formas, como pedras, cristais, cogumelos, flores, plantas, árvores, animais, e mais uma variedade de fenômenos atmosféricos e diversos ancestrais ou entidades imaginárias. Estas formas são representações de suas funções, formas simbólicas para facilitar uma compreensão mais fácil. É bastante comum que essas formas sejam vistas com uma roupagem altamente antropomorfizada, adequada para a característica humana de perceber significados humanos em fenômenos não humanos. Será que ousamos admitir que nossas mentes conscientes são criaturas muito simples, que preferem pensar em termos de coisas comuns em vez de princípios abstratos?

O que os espíritos podem fazer? O que as partes da mente podem fazer? Há uma parte da mente, por exemplo, que lhe diz quando comer. Quando ela percebe que as reservas do corpo estão se exaurindo, ela produz um poderoso sinal que faz a sua mente consciente dizer "Ei! Acho que eu devo estar com fome!". Bem, a fome é um dos mais fortes sinais de nosso sistema. Como está profundamente conectada com alguns instintos de sobrevivência, pode ser bem difícil para a mente consciente ignorá-la. Por outro lado, há esse sentimento útil: "Pelos Deuses! Eu não consigo mais comer!", que sinaliza de forma bastante clara quando você já se alimentou o suficiente. Quando essa parte faz o seu trabalho direito, nosso sistema receberá a quantidade de comida necessária. Se ele fizesse seu trabalho melhor ainda do que isso, ele conseguiria dizer exatamente de que tipo de comida você está precisando.

Essa, no entanto, é uma habilidade que precisa ser desenvolvida. Outra parte da mente sinaliza quando você precisa descansar ou dormir. Quando este é o caso, você recebe um sinal que te diz: "para a cama". Veja bem, o sinal pode ser diferente de pessoa para pessoa. Alguns reconhecem que precisam dormir quando começam a se sentir levemente irritados. Outros precisam de uma hora de bocejos pesados para reconhecer a mesma coisa, e alguns caem no sono só por descobrirem que realmente precisam disso.

A parte que faz o trabalho de "garantir que haja sono o suficiente" conhece a mente consciente com a qual ela precisa conviver.

A longa experiência ensinou de quais sinais cada pessoa precisa para ser motivada a ir para a cama. Em nosso simbolismo xamânico, podemos perceber a parte que controla a alimentação como um crocodilo, um tubarão, um lobo, um urso ou um javali selvagem, por exemplo. A parte que controla o sono pode ser algum animal que hiberna, ou talvez uma fera noturna, como uma coruja ou um morcego, simbolizando o poder do sonhador de viajar pelo escuro. Um dos pontos interessantes deste modelo é que as partes da mente são únicas para cada pessoa. Todos nós aprendemos a desenvolver uma parte que diga "ei, estou com fome!". De uma certa forma sutil, se não tivéssemos aprendido, não teríamos vivido o suficiente para ler este livro. Podemos considerar que "fome/alimentação" é uma função necessária à sobrevivência, e cada um de nós encontrou uma forma eficaz de realizar esta função. Nem todos entre nós, no entanto, têm partes que funcionam tão bem quanto poderiam. Com algumas pessoas, os sinais de fome não são fortes o bastante – o que é bastante típico para pessoas de negócios com uma agenda apertada – enquanto outros recebem sinais mais fortes, que resultam em todo tipo de superalimentação. Usando nosso simbolismo xamânico, podemos afirmar que alguns precisam de um crocodilo faminto em suas barrigas para conseguirem comida suficiente, enquanto outros ficariam muito felizes com o espírito de um pequeno esquilo, que se movimentaria bastante e demandaria apenas pequenas quantidades de comida.

Quantos magistas têm ciência do que fazem com seus corpos, afinal? Em nosso modelo, temos dezenas, ou até centenas de partes e subpartes que trabalham por nós em nossos comportamentos. Muitas delas aprenderam a garantir que você consiga comida, abrigo, amor, descanso, segurança, amizade, felicidade, experiências novas, boa saúde, movimento e mágicka, para citar apenas algumas necessidades básicas, e essas partes aprenderam a fazer seu trabalho o melhor possível. Talvez você possa acreditar que você faz a maior parte dessas coisas automaticamente ou por hábito, mas essa é só outra forma de dizer que não é a sua mente consciente, e sim sua mente profunda, que aprendeu a fazer todas elas por você.

Todos os "hábitos" já foram aprendidos em alguma ocasião (pense em aprender a comer, aprender a andar, aprender a ler), e depois que você os domina, a sua mente profunda se apropria deles e os faz por você, por "hábito", se preferir chamar assim. Você sabe quantas ações diferente são necessárias no simples ato de amarrar seus sapatos? Algumas partes da sua mente fazem coisas curiosas com as mãos, outras mantêm você equilibrado, e outras ainda garantem que todas as ações sejam feitas corretamente, na ordem certa. Pergunte aos seus pais quanto tempo levou para você aprender o processo completo. No começo, foram semanas e meses de esforço contínuo, e mais uma dose qualquer de tentativa e erro. Então o ato virou memória. Hoje você coloca os seus sapatos sem nem ter que pensar nisso.

O que aconteceria se alguém lhe oferecesse um método muito melhor de amarrar os seus sapatos? Antes que este novo método possa funcionar, você terá que desaprender o velho método habitual. Então, você poderá conscientemente aprender o novo processo. Se sua mente profunda quiser, você logo conseguirá fazê-lo por hábito. Isso, basicamente, é como a mágicka transforma as nossas vidas.

Quando eu digo que há "partes da mente" que fazem isso e aquilo por você, o rótulo serve como uma mera conveniência. A moderna pesquisa sobre o cérebro, no entanto, mostra claramente que há, de fato, partes especializadas do cérebro que fazem coisas específicas pelo sistema como um todo. E. Rossi menciona um exemplo interessante em seu livro *The Psychology of Mind-Body Healing*.[1]

> *A habilidade da mente de lidar com o novo tem sua base psicobiológica na atividade de um agrupamento de neurônios retentores de norepinefrina no* locus coeruleus *na área da ponte do tronco cerebral. Quando novos estímulos são recebidos pelo* locus coeruleus, *suas conexões neurais estimulam o início de*

1. N.T.: *A Psicologia da Cura de Mente-Corpo*.

SENSUALIDADE SERPENTINA

breves estados de resposta aumentadas nas áreas superiores do córtex cerebral, e no centro límbico do hipotálamo, que integra a memória e abriga os mecanismos de recompensa e prazer. Situações tediosas e repetitivas, por outro lado, diminuem a atividade do locus coeruleus *e levam a relaxamento, sonolência e sono.*

Você consegue imaginar o quão útil é essa parte quando você quer reconhecer e aprender algo de novo? Como novas experiências podem se tornar um forte estímulo, que aumenta a sua atividade cerebral e lhe recompensam com sentimentos de prazer? Como você chamaria e simbolizaria esta parte?

Muitas das partes de nossas mentes estão ocupadas com as necessidades básicas de sobrevivência. A parte que regula o apetite é uma das mais antigas, pois ela começou a aprender o seu trabalho logo depois do nascimento. Ela teve que aprender um bocado de coisas desde então, e as aprendeu bastante bem, ou alguns de nós ainda mostrariam o comportamento alimentar do começo de nossa infância. Na maioria das pessoas, essas partes não fazem parte de suas personalidades humanas conscientes. Ainda que essas partes estejam lá, há elementos de nossa herança genética, a estrutura do DNA, que nos evoluiu, tornando-nos quase seres humanos.

Todos nós temos partes de nossas mentes que sabem, geneticamente, como usar e aplicar comportamento agressivo, não importando se nossas mentes conscientes o aceitam ou não. Uma boa parte dos nossos ancestrais (não estou me referindo apenas aos cerca de 60.000 anos de *Homo sapiens*, mas a incontáveis milhões de vidas animais) precisavam ser extremamente agressivos, e até mesmo "amorais", para nossos padrões, para poderem sobreviver.

Este tipo de informação ainda existe em nosso DNA, bem como incontáveis aeons de vida em níveis simples (ou primitivos) demais para até mesmo saber o que é agressão. A veneração aos ancestrais, como pode ser facilmente encontrado no Voodoo e no Taoísmo, não é de forma alguma um conceito abstrato. Se você quiser conhecer seus ancestrais, poucos dos quais eram humanos, fique à vontade para encontrá-los em cada uma das células do seu corpo. Cada célula do seu corpo contém a totalidade da herança da evolução de nossa espécie. Muito dessa informação é inútil para a vida moderna. Uma boa parte de nosso problema político vem daí, da tendência demasiado humana de usar métodos defasados para lidar com problemas novos.

Estamos falando de agressão, que é uma forma de resolver problemas que foi altamente eficiente durante milhões de anos de vida animal. É curioso que, quando ousamos reconhecer que temos partes agressivas na ecologia de nossa mente, temos uma boa chance de viver uma vida feliz e pacífica. A agressão pode ser útil. Ela pode prover o poder de superar obstáculos, de romper amarras, e de XYZ (por favor, invente algumas situações nas quais agressão descarada pode ser útil).

Agressão também pode ser um sinal valioso. Quando eu estou ficando fatigado, cansado, com câimbras, tenso, ou quando as circunstâncias me restringem e exaurem, meu nível de agressão me diz quanto mais eu consigo suportar. Se você usa agressão (ou qualquer outra emoção) como um sinal, você pode perceber que há algum significado quando você se vê rosnando. Você não "tem agressão" da mesma forma que as pessoas têm carros, dinheiro ou piolhos. Agressão não é um objeto que possa ser possuído. Você pode perguntar a si mesmo: "o que estes instintos agressivos estão me dizendo?", e descobrir que talvez alguma parte da sua mente profunda queira proteger você com eles.

O que você faz quando percebe que está se sentindo agressivo? Você se pergunta o que este sentimento está lhe dizendo? Ou você simplesmente vai em frente e parte para cima de alguém? Ou você prefere fingir que a agressão não existe? Há diversas formas de libertar agressão, levando a todo tipo de efeitos colaterais desagradáveis. Pessoas sábias sabem que a agressão, assim como qualquer outra emoção forte, serve para alguma coisa. Não seria melhor aceitar o sinal, reconhecer o seu valor e tirar o resto do dia de folga?

Remover a "causa da agressão" é apenas parte do trabalho. Quando o corpo se sente "agressivo", isso significa que o cérebro lançou muitos neurotransmissores na sua corrente sanguínea, a maior parte dos quais fará com que "lutar ou correr" pareça uma solução mais fácil do que "esperar e pensar"! Antes que você volte a ficar pacífico, você pode ter que lidar com a química que está deixando você tão propenso a bater em alguma coisa.

Um bom método para lidar com a overdose de adrenalina é gastá-la, seja correndo, dançando, dando uma longa caminhada pelo campo, cantando e gritando música selvagem, ou a prática de uma arte marcial to tipo mais perverso. A maioria dos artistas marciais tornam-se pessoas bastante tranquilas depois que suas partes agressivas aprendem que podem ser postas para fora, dia sim, dia não, no Dojo local. Compare isso com os tipos "New Age, pense positivo", que tentam transcender a agressão fingindo que ela não está lá. É bastante frequente que estes percam por completo suas capacidades de expressar qualquer emoção. Quantos desses "iluminados" conseguem ser espalhafatosos, selvagens, espontâneos, felizes ou alegremente loucos? Quais são as suas chances de curar uma doença se você for incapaz de admitir honestamente que ela existe? A agressão não é uma doença, é apenas um estado emocional que nossos antepassados achavam útil para diversas estratégias de comportamento de luta, hierarquia e cortejo. A "doença" é o que acontece quando as pessoas aplicam erroneamente a herança genética, ou tentam reprimi-la por completo.

Aqui encontramos o fato de que as "partes da mente" usarão qualquer método que produza o resultado desejado. No fundo, todos os seres humanos têm uma necessidade de atenção e afeto. É parte de nossa herança. Os símios que nos precederam eram animais sociais, vivendo em pequenos grupos. Um bebê aprende que receberá atenção, e uma dose de amor, desde que grite alto o bastante e por tempo o suficiente. A criança precisa aprender que simplesmente gritar trará atenção, mas não necessariamente amor, e terá que desenvolver uma gama de estratégias alternativas. Mais tarde, a criança aprende que a atenção pode ser obtida por métodos positivos (socialmente aceitáveis) e negativos. Morder, beliscar e os maus comportamentos que você preferir trarão atenção, mas pouquíssimo amor. Charme, interesse, gestos

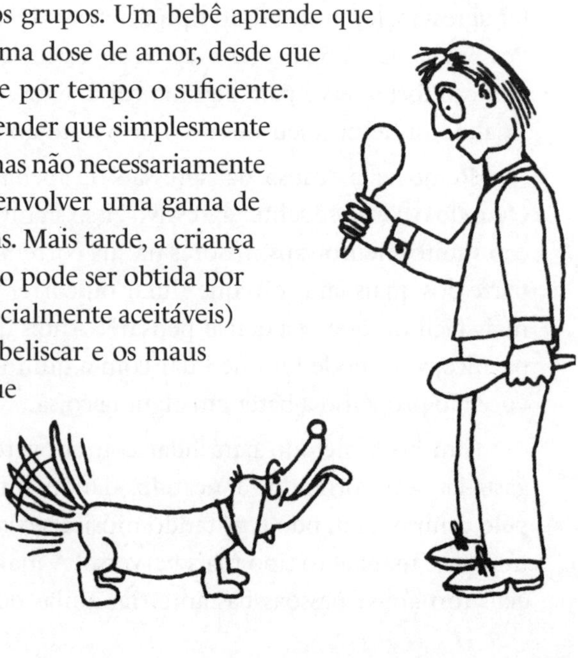

amigáveis, habilidades e comportamento social são muito mais eficientes para trazer amor. Esta percepção precisa ser aprendida.

Crianças que se comportam mal não são necessariamente "más", "erradas" ou "estúpidas"; elas estão frequentemente apenas usando a estratégia mais básica ao seu dispor para conseguir a atenção que desejam. O hábito diz que essa estratégia funcionava antes, e conforme elas perdem a liberdade de escolher um método melhor, usarão a antiga estratégia, a qual, a despeito de todos os seus efeitos colaterais desagradáveis, certamente funcionará.

Todos nós temos partes de nossas mentes que nos ajudam a receber a atenção e o amor de que precisamos. Elas fazem o seu trabalho sem nosso reconhecimento consciente. Há diversas pessoas que negariam vigorosamente que precisam de amor, quanto mais que partes de suas naturezas trabalham muito duro para consegui-lo.

A função – necessidade de amor – é algo que todos nós compartilhamos, mas o comportamento em si que usamos para alcançar este objetivo difere enormemente. Perceba que nosso bebê, nossa criança, normalmente não sabe que quer atenção e amor, pelo menos não no nível consciente. Algumas pessoas desenvolveram centenas de métodos de conseguir amor e afins, enquanto outros ainda se ocupam dos métodos que deveriam ter superado aos cinco anos de idade.

Há pessoas que gritam insultos para as outras quando querem amor e afeto. Normalmente elas sabem que este não é exatamente o melhor método, mas elas normalmente também não conhecem um método melhor. A parte de suas mentes profundas que quer produzir "amor" simplesmente usa um método que funcionará. Se ela conhecesse um jeito melhor, provavelmente o usaria. Como Grinder e Bandler enfatizam em *Frogs Into Princes*,[2] as pessoas em geral tentam fazer as melhores escolhas possíveis. Se alguém precisa gritar insultos

2. N.T.: *Príncipes em Sapos*.

para receber afeto, essa pessoa simplesmente não tem uma escolha melhor para satisfazer uma necessidade válida.

Todo comportamento é aprendido. Todos nós temos certas necessidades. Todos nós temos métodos para lidar com essas necessidades. Alguns desses métodos são bons, outros apenas adequados; mas, mesmo assim, todos estes métodos funcionam à sua própria maneira. Estes métodos são habituais. Nós sabemos que eles funcionam, como sempre funcionaram. Estes métodos constituem nosso comportamento, que, tornando-se regular e automático, cria a ilusão de uma personalidade previsível, contínua, duradoura. Até mesmo comportamentos problemáticos, não importa quão irracionais pareçam ser, seguem a ideia básica de que são úteis para alguma coisa. O que nós fazemos quando queremos alterar os nossos comportamentos problemáticos? Primeiro de tudo, temos que entrar em contato com a parte da mente que os produz por hábito. Depois, podemos encontrar métodos alternativos de obter nossas necessidades, estratégias que produzam os resultados desejados usando formas mais eficazes de comportamento. Vale a pena estudar as obras de Bandler e Grinder, em particular *Frogs Into Princes*, *Trance Formations*[3] e *Reframing*,[4] para se ter uma boa ideia de como a prática de feitiçaria de "conjurar um espírito" pode ser aprimorada.

Até então, nós lidamos com "espíritos" e "partes da mente". Como eu não quero reduzir o milagroso da mágicka, aqui vai uma outra interpretação. Quando um católico simplório quer curar uma doença, ele não consulta um terapeuta (que acredita em uma parte da mente chamada sistema imunológico) nem um xamã (que acredita em espíritos curadores), mas sim um santo católico conhecido por ser útil com aquela doença em especial. Este santo deve ser contatado por meio de oração, emoção, imaginação e oferta de sacrifícios, e se o rito for bem realizado, o santo operará uma

3. N.T.: *Transe-Formações*.

4. N.T.: *Reemoldurando*.

"cura milagrosa", que é o único motivo para alguém se importar com santos, no fim das contas. Ora, o catolicismo na verdade é um panteísmo, pois oferece centenas de santos, cada um dos quais se especializa em fazer algum tipo muito específico de milagre. Se você quiser uma jornada segura, você pode conseguir um talismã de São Cristóvão, como se pode ver em milhares de carros italianos. É inútil abordar São Cristóvão quando você quiser vencer um jogo de cartas, curar lepra ou remendar um coração partido.

O mesmo tipo de coisa pode ser observado no budismo tibetano, onde você encontra um Buda central cercado por milhares de Budas menores, Arhats, Avatares e variações especiais. O mesmo se aplica ao Taoísmo. Embora o Tao possa ser um, ou nenhum, e também não tenha nome, há a contraparte do Taoísmo cerimonial, que lista milhares de espíritos altamente especializados, em um sistema grande demais para ser compreendido. Para lidar com um problema específico, você pode simplesmente contatar o especialista encarregado.

Na mágicka, podemos aprender muito, encontrando todo tipo de especialistas. Cada espírito que passa a estar alinhado, em harmonia e cooperação com o todo, corresponde a um aspecto do *self* que está curado e completo. De uma certa forma, precisamos tanto do ponto de vista monoteísta, que afirma que "eles são um" e enfatiza a unidade do sistema, quanto da atitude panteísta, que ressalta que "eles são muitos". Se você quiser um efeito holístico, lide com a mente "como se fosse uma". Se você quiser um efeito específico, procure o especialista encarregado. Ambos os modelos são úteis às suas próprias maneiras. Se imaginarmos as partes da mente como vários especialistas fazendo seus trabalhos, podemos às vezes ter problemas, quando não soubermos quem é o especialista adequado para uma determinada tarefa. Em outras ocasiões, pode acontecer que alguns destes especialistas fiquem com os pensamentos muito restritos e interfiram uns com os outros. Às vezes pode haver fricção, como costuma ser o caso quando as pessoas se sentem divididas entre duas escolhas. Nestes casos, seria mais fácil consultar uma categoria de espíritos que podem ser chamados de "metapartes"; ou seja, partes que coordenam os diversos especialistas.

Você já imaginou o que a "mente subconsciente" pode ser? Quando você se pergunta, "Cara mente profunda, você me permitiria me lembrar dos meus sonhos?", quem ouve e quem responde suas solicitações? Quem é essa mente subconsciente que estamos nos esforçando para compreender? Para muitas pessoas, a mente subconsciente é algo similar à caixa de Pandora: se você tirar a tampa, quem sabe quais horrores podem escapar? Essas pessoas não confiam em suas mentes profundas, e da mesma forma, suas mentes profundas não se sentem inclinadas a acreditar nelas. Por definição, nossas mentes subconscientes consistem principalmente daquelas partes de nossa natureza das quais não temos consciência. Ninguém sabe como uma mente subconsciente realmente é – e, ainda assim, quando usamos de alguma metáfora para descrevê-la, vemos que ela responde e atende às nossas expectativas. Se você por acaso for um desses pobres infelizes que acham que a mente subconsciente é um ferro-velho de impulsos neuróticos, horrores reprimidos, instintos selvagens e instintos primitivos de sobrevivência (uma atitude compartilhada por muitos terapeutas freudianos), a sua mente subconsciente provavelmente estará de acordo com suas crenças, e produzirá todo tipo de experiências para confirmá-las. Se você chamar a sua mente subconsciente de "Deus", no entanto, você estará em todo um outro mundo, cheio de fé, bênção divina, entusiasmo, e possivelmente, milagres. Caso você a chame de "gênio interior", "Daemon" ou "Sagrado Anjo Guardião", você desfrutará de sua inspiração e ajuda, e da sua própria expressão na arte, amor, vontade e mágicka.

Parece que a mente subconsciente, o que quer que ela seja, se comporta mais ou menos como esperamos que ela se comporte. Não me pergunte o porquê; pergunte a você mesmo. A mente profunda do Dr. Freud, por exemplo, recebia retorno positivo (ou seja, prazer) sempre que descobria algum novo instinto, neurose ou tabu interessante, para manter o bom doutor ocupado e contente. Como Freud se deleitava com o estudo científico da neurose, sua mente profunda o mantinha feliz, produzindo mais e mais delas. Não tardou para que Freud começasse a ver neuroses por toda parte – o que não é nada surpreendente quando consideramos a sociedade em que ele precisava viver – e, assim como todos nós costumamos enfatizar aquilo que nos interessa, isso deve ter feito de sua realidade um sonho extraordinariamente desagradável em que se acreditar.

A mente profunda do Dr. Jung recebia retorno positivo sempre que reconhecia algum simbolismo interessante ou estrutura de mandala. Não é surpreendente que, para Jung, o mundo tenha se tornado um alinhamento misterioso e fascinante de padrões de arquétipos; e, como é bastante óbvio, o mundo que Jung construiu para si era muito mais agradável do que o mundo de Freud.

Da mesma forma, a minha mente profunda aprendeu que ela recebe retorno positivo sempre que revela que o mundo se altera de acordo com a vontade e, consequentemente, eu desfruto de viver em uma realidade na qual os mundos externo e interno interagem, comunicam-se e transformam um ao outro, como for adequado às nossas naturezas e circunstâncias.

Todos nós fazemos esse tipo de coisa. Cada um de nós desenvolveu uma mente profunda que aprende a produzir uma realidade específica para nós; especificamente, a realidade que nossa mente consciente espera e reforça através dos retornos de dúvida, crença, dor, prazer, e assim por diante. Todos nós aprendemos a criar um mundo através de nossas crenças, e este é o mundo que acreditamos ser real. Neste sentido, cada ser humano é um grande magista. Cada um de nós cria um mundo inteiro, e faz ele ser tão convincente que a ilusão engana a nós mesmos. Nós aprendemos a fazer um mundo, e depois esquecemos que a realidade é feita por nós. Nós podemos nos lembrar.

Você ousaria acreditar em um mundo melhor, mutável, cheio de potencial e prazer desconhecidos? Você ousaria confiar em seus muitos aspectos do *self*, tanto os conhecidos quanto os desconhecidos, para transformar e curar o mundo do seu ser? Você ousaria descobrir o "divino", o "daemon", os "ajudantes espirituais", para lidar com a mente profunda ou subconsciente? A resposta é simples. Eu acredito que, por trás de todos estes títulos, esconde-se um fenômeno mútuo que é grande demais para minha compreensão. Cada um dos nomes, títulos e metáforas é uma via de aceso. Você (supostamente) contatará os mesmos fenômenos maravilhosos, independentemente do título que use, mas o seu contato será especificamente como você acreditar. O resto é prática.

Iniciantes na mágicka normalmente não gostam de falar com suas "mentes subconscientes", pois essa entidade supostamente abriga todo tipo de horrores suprimidos. Eles acharão muito mais fácil confiar nos "deuses", e descobrirão que a comunhão opera milagres. Os deuses são, afinal, parte de uma estrutura de crenças que permite que milagres aconteçam. Um ateu ficaria muito mais satisfeito em acreditar e comungar com as "partes da mente" ou o "gênio interior". Esta estrutura de crenças provavelmente excluirá "milagres", mas tem algumas vantagens que eu sou preguiçoso demais para mencionar – faça-se um favor e pense por conta própria.

No Nepal, um jovem xamã recebe um grupo de espíritos auxiliares, que são magicamente selados com comida e fluidos dentro de tubos de bambu. Este presente não vem fácil. Estes espíritos (que normalmente incluem a serpente, o javali selvagem, o cão silencioso e vários outros) são muito selvagens e opressivos neste estágio: nosso jovem xamã precisa aprender a viver com eles. Durante os primeiros meses, os espíritos causam diversos problemas. Como eles não são domesticados nem fáceis de controlar, todo tipo de explosão pode ocorrer. Com frequência, o xamã entra e sai de transes de possessão, e precisa se debater com todo tipo de instinto bestial. Obsessões ocorrem, libertando grandes quantidades de energia e emoções brutas. Gradualmente, os aspectos humanos e bestiais da mente passam a se conhecer e apreciar. Eles começam a confiar uns nos outros e a se transformar mutuamente, criando uma base sólida para cooperação mágica. Com cada vez mais familiaridade, os

TOCANDO O TAMBOR

espíritos revelam-se como amigos e aspectos do *self*. Nesta etapa, os horrores da obsessão tornam-se insignificantes. O que nos obceca no ritual é apenas outra máscara do *self*. Louis Martinie expressou isso brilhantemente no *Cincinnati Journal of Magick*, 7, 1989:

> *Possessão por Loa, demônios, anjos, etc., não é na verdade o problema. Aquilo que a maioria de nós enfrenta, em termos de possessão, é conhecido comumente como Personalidade. Até onde nos identificamos com nossas personalidades, somos possuídos por aquelas definições limitantes de self. É bastante comum que aquilo que as pessoas mais temem na possessão ritual seja um enfraquecimento do domínio da personalidade sobre o self. Pode ser uma jaula pequena, mas pelo menos é familiar. Possessão ritual é uma das várias formas de se libertar dos confins de uma personalidade mui profundamente entrincheirada.*

Para o xamã, os deuses e os espíritos são amigos. Eles vêm auxiliar no trabalho, participar da diversão das festividades. O espírito do javali selvagem, por exemplo, é muito talentoso em detectar o que está escondido debaixo da terra. Quando este espírito assume e possui o xamã, este último começa a correr de quatro, bufando e grunhindo, e procurando no chão até o problema finalmente se revelar. O espírito da serpente normalmente está em casa nos túneis e encanamentos de nossos sistemas. O xamã possuído pelo espírito da serpente provavelmente começará a silvar e oscilar. Neste estado, ele ou ela pode regular o fluxo de fluidos e energias, remover obstruções no fluxo e sugar venenos escondidos. Espíritos de pássaros costumam ser bons com divinação. Possuído por um espírito de pássaro, o xamã pode alçar voo e planar pelas alturas. Vistos de uma distância saudável, muitos problemas humanos são fáceis de entender. O cão silencioso tem uma função similar à do Anúbis egípcio, ou dos Lobos de Wotan: viajar entre os mundos. Um xamã com a consciência do cão silencioso pode viajar pelos mundos de sonho e imaginação e entrar em reinos inacessíveis à consciência humana.

Normalmente, o xamã vive e trabalha com diversos espíritos guardiões. Ao fazer a sua mágicka, ele permite que os espíritos se ergam e assumam o controle. Em um estado de possessão, os espíritos agem pelo corpo do xamã, revelando o desconhecido, fazendo o impossível, fazendo a mágicka e a cura. Em um modelo psicológico, pode-se argumentar que o xamã desenvolveu diversas partes da mente subconsciente para fazer várias coisas (como cura, mágicka, ritual, feitiçaria, etc.) que sua mente consciente não consegue fazer tão bem. Neste contexto, a mente consciente é sábia o bastante para sair do palco e ceder o controle a estes aspectos da mente profunda, que consequentemente "possuem" o corpo do xamã para fazerem o seu trabalho. Isso implicaria que a mágicka de cura é auxiliada pelo xamã, mas realizada e manifestada pelos deuses e espíritos do sistema. Isso remete à crença de Erickson de que a cura vem da mente subconsciente. "O terapeuta praticamente não tem importância", Erickson costumava dizer, apontando que o trabalho do terapeuta é apenas criar um clima, uma atmosfera, onde a cura ocorre naturalmente.

Os espíritos guardiões do xamanismo funcionam muito como as "metapartes" que já foram mencionadas. Enquanto as "partes da mente" realizam funções e produzem comportamentos, as "metapartes" as coordenam.

No sistema de Abra-Melin, O Mago, o coordenador chefe é chamado de "Sagrado Anjo Guardião", e costuma aparecer em uma forma idealizada, frequentemente antropomórfica. Contatar o SAG do sistema de Abra-Melin é uma tarefa bastante simples. Todo o sistema pode ser resumido com as palavras "invoque com frequência" e "inflama-te a ti mesmo em oração". Para obter o "conhecimento e conversação do SAG", recomenda-se que o mago se afaste do mundo. Em um local segregado, o mago ora para o SAG, para que a dita entidade possa aparecer e se revelar. Durante o primeiro mês, isso é feito uma vez ao dia. No segundo, duas vezes. A agenda é intensificada até que o mago passe o dia inteiro se dedicando à proteção e comunhão com o anjo. É claro, este tipo de yoga tem o potencial de produzir todo tipo de loucura. Quando o anjo se revela, o mago terá se purificado de uma tal maneira que estará em condições ótimas para se entender com o anjo. Igualmente, os meses de disciplina constante e entusiasmo abrasador garantirão a manifestação de um anjo completo, com poder e senciência da melhor espécie. Pode-se dizer que, no sistema de Abra-Melin, o mago cria um anjo para irradiar verdadeira vontade, enquanto o anjo cria um adepto apto à tarefa de viver sua verdadeira vontade. A aparência do anjo, aliás, é em si uma parte da mensagem: o anjo simboliza a vontade verdadeira, e até então desconhecida, do adepto.

O sistema de Abra-Melin não é o único que propõe a existência de espíritos guardiões. Nas mitologias alemã e nórdica, as pessoas sabiam que eram acompanhadas por um espírito animal chamado de "Fylgia" (de "seguir", "follow", pois o Fylgia segue você e vice-versa). Alguns Fylgia que conhecemos apareciam como lobos, ursos, linces, dragões, águias ou leões. Estas feras eram os guardiões de seus associados humanos. Em tempos de perigo, podia-se contar com eles para receber conselhos, fosse através de visões, sonhos, augúrios, possessão ritual ou algum tipo de divinação. Os Fylgia, embora pudessem ser um tanto selvagens ou loucos, eram tidos como possuidores de uma sabedoria muito mais profunda do que a de suas contrapartes humanas.

Alguns Fylgia eram sábios na mágicka e na criação de feitiços, permitindo que eles criassem sincronicidades e outros milagres. Em tempos de guerra, alguns Fylgia tomavam conta e possuíam seus amigos humanos. O estado de "berserk" se refere ao antigo e honorável costume de ser possuído por um Fylgia em uma fúria de combate. Nestes estados de transe, a consciência humana normal seria inundada por uma maré de fúria e violência bestiais, não deixando espaço para o ego pequeno e insignificante duvidar, se desesperar ou fugir. Berserkers (que significa "aqueles que vestem as peles de

DANÇA FELINA

ursos") eram famosos por sua selvageria, seus reflexos "inumanos" e sua habilidade de tolerar ferimentos graves sem percebê-los.

Artes marciais chinesas oferecem outro exemplo interessante. Muitos estilos de luta modernos evoluíram da antiga prática Taoísta de "se transformar em algum animal e descobrir o que acontece"! A prática do Wu Shu envolve os movimentos, comportamentos e a senciência de feras como o dragão, o tigre, cobra, garça, pantera, águia, louva-deus, veado, aranha, urso, tartaruga, o sábio macaco, a andorinha, a fênix, e incontáveis outros. Nos velhos dias do Taoísmo xamânico, era uma prática comum invocar estas bestas e vivê-las no corpo, dançando, fazendo rituais e mágicka. Destes simples começos, centenas de estilos e técnicas diferentes foram desenvolvidos. Hoje em dia, muitos destes sistemas tornaram-se tão técnicos que a alegria da consciência animal ficou em grande parte esquecida.

Deve-se observar que nem todos os espíritos animais do Taoísmo estão ligados a feras "reais". Algumas delas, como o dragão, o Qi-Lin, a fênix ou o sábio macaco bêbado, só existem no plano da imaginação. Estas são feras "impossíveis", capazes de fazer coisas impossíveis. As pessoas que vivem com tais espíritos, como é o caso de seu humilde autor, costumam ser um tanto paradoxais e loucas. Se você pensar agora que as feras do Wu Shu são úteis apenas para reflexos rápidos e chutes vigorosos, você está errado. O Taoísmo é uma crença que engloba a vida. As feras frequentemente ajudavam com divinação, rituais, cerimônias e exorcismos, inspiravam danças, exercícios físicos, práticas de respiração, atividades sexuais e outras alegrias.

Estas e outras formas similares de mágicka com formas animais foram em grande parte esquecidas nas culturas ocidentais. O que resta do sagrado animal guardião é a visão distorcida da bruxa terrível com seus espíritos familiares, sapos, rãs, morcegos, gatos, aranhas, corvos e afins, e a horrível lenda do lobisomem, que assombra as florestas, uivando em um êxtase demoníaco. Lendas similares de metamorfose (ou de mudança de consciência) podem ser encontradas na maioria das culturas, por todo o mundo.

É natural que humanos desenvolvam consciência animal? Muitas crianças têm "animais favoritos" que elas adoram imitar. Experimente brincar de "Tigre" com uma criança! Você logo perceberá que é mais fácil começar com essa brincadeira do que parar com ela. Esta simples brincadeira é mágicka muito eficaz (muitas brincadeiras de criança são pura mágicka: elas programam as suas realidades), mágicka inconsciente, tão natural e entusiasmada que poucos ocultistas sérios são capazes de rivalizar. Você ficará surpreso com quão completamente o papel é experimentado, e com os surpreendentes poderes e impulsos que vêm para a superfície.

Exercício seis: despertando as feras

Chega de teoria! Vamos levantar e fazer alguma coisa! O que você acha de despertar os seus espíritos animais? A mente subconsciente não é um supermercado; você não pode entrar, escolher alguns bichinhos que sejam adequados à sua sala, mais comida enlatada, uma boa coleira e um certificado de seguro. As feras de que você precisa serão animais selvagens, e animais selvagens adoram estar com pessoas selvagens. Se você não for selvagem o suficiente, você pode acabar com um boi, porco, ovelha ou um poodle, como é o caso de tantos servos civis. Considerando que tantos magistas são racionais, razoáveis e eruditos intelectuais, uma boa dose de selvageria fará ao ambiente do ocultismo bastante bem.

O padrão a seguir lhe ajudará a enviar um chamado. Sinta-se à vontade para alterá-lo o quanto quiser; o que conta não é a técnica, e sim a paixão que você produz. Sua tarefa é chamar com selvageria, emoção e dedicação: você pode confiar na sua mente profunda para operar a transformação.

Primeiro, você pode passar algumas horas pensando em como será viver e cooperar com um ou mais espíritos animais. Seus conceitos estarão errados, é claro, mas sinalizarão o seu interesse. Você pode auxiliar este processo com diversos métodos. Você pode criar um sigilo, por exemplo, pedindo à sua mente profunda para revelar as feras para você. Você pode tentar se lembrar de todas as feras que você amava quando era criança. Você pode entrar em um estado de transe leve e pedir à mente profunda para ajudar você a invocar seus espíritos guardiões. Você pode orar e oferecer libações aos seus ancestrais, às incontáveis gerações de formas de vida que vieram antes de você, e cuja herança, codificada nos genes, está viva em cada célula do seu corpo.

Muitas pessoas conseguem um contato nessa etapa. Este contato costuma ser uma visão breve e vívida, ou um encontro em sonhos com algum animal. Estas visões são como gestos. Um habitante do outro lado diz "Oi!" para você e lhe envia um cumprimento visual. Isso não significa que você conseguiu. Um contato real e sólido exige mais comprometimento, o que quer dizer que você ainda terá algum trabalho a fazer.

1. Preparo

Primeiramente, você precisará abrir o seu túnel de realidade (sua identidade) de forma que algo novo possa entrar. Algumas formas fáceis de fazer isso são confusão, exaustão e êxtase. Escolha um bom dia para o trabalho. Saia para o campo para fazer uma longa caminhada. Encontre um lugar onde você tenha uma privacidade razoável e fique exposto aos elementos. Os espíritos animais prosperam com o contato com a natureza e atividades físicas, adoram o som do vento, a velocidade de uma corrida pelo campo, a amplidão do céu, o oscilar das árvores e a lascívia viva da carne. Um ambiente assim é maravilhosamente eficiente, mas não essencial. Se você for bom o suficiente, você pode produzir a exaustão em um ambiente interno, por meio de dança e atividade sexual, mas como um todo, um ambiente não civilizado facilita a chamada.

2. Encontre um lugar que pareça bom para você

Não precisa ser uma selva de verdade. Uma vez fizemos este trabalho em um parque público. Depois de um tempo, conseguimos ignorar as pessoas embasbacadas, e conseguimos bons resultados. Em caso de emergência, você pode fingir que está praticando para a convenção anual dos lunáticos. Você deve se sentir levemente cansado e com um pouco de fome. Estas são sensações físicas que as feras entendem muito bem. Prepare o lugar se você quiser, dispondo incensos e alimentos de todos os tipos. Se quiser, você pode desenhar uma encruzilhada ou um símbolo de portal no chão, usando farinha ou sementes. Um pouco de meditação pode ajudar a focar a mente.

Eu gostaria de acrescentar que quando você trabalha na natureza, você é um convidado. Há muitos turistas esotéricos hoje em dia, que correm de um (suposto) "local de poder" para outro, curtindo "todas aquelas energias antigas" e partindo sem nem dizer "obrigado". Este tipo de coisa, como envolve o uso de algum campo de energia sem respeito pela sua personalidade, é o que eu chamo de "prostituição de locais de poder". Um "local de poder" – e estes são bem mais comuns do que a maioria dos turistas esotéricos suspeitam – não é simplesmente uma bateria aberta para todos. Onde você encontrar poder, você também encontrará senciência. Esta consciência foi desenvolvida pelos seres que trabalharam, viveram e amaram nestes lugares, pelos sacerdotes a eles dedicados e pelos mitos e folclore explicando as energias em uma narrativa simples. Quando você faz a sua mágicka em um local de poder – mesmo que seja um simples ponto onde há algumas árvores, um riacho dançando por entre os campos – é altamente recomendável que você diga algumas palavras gentis para os espíritos do lugar, antes e depois da sua mágicka. Um pouco de oração e uma pequena oferenda mostrarão aos espíritos da natureza que você vem como um amigo.

3. Agora, a ação

Escolha um instrumento musical, como um sino, um gongo, um tamborim, um tambor ou um par de chocalhos. Conforme você começa a tocar música, envie o seu chamado. Deve ser bem fácil para você fazer isso. Depois de todas essas horas de prática de oração, eu espero que agora você esteja me mandando aquele sorriso de superioridade: "ah, é só isso?". É claro que não é só isso. Orações para os espíritos animais precisam ser congruentes com estas senciências animais; caso contrário, elas não perceberão o chamado. Esqueça a linguagem poética e as definições sutis. Este tipo de coisa pode funcionar bem com os deuses mais refinados. Não vai funcionar com as feras. As feras reagirão à sua emoção, à sua paixão, à fome do chamado. Elas não estão nem aí para a abordagem intelectual.

Eu me lembro de uma evocação na qual a pessoa que estava fazendo a chamada ficava falando apenas em sua mente. Palavras belas, brilhantes e razoáveis, bem estruturadas, um prazer de se observar – mas nada aconteceu. Então ele aumentou seu esforço. Nada aconteceu. E ele continuou falando. Então ele ficou com raiva, e tentou comandar. Nada aconteceu. Ele começou a se sentir um verdadeiro imbecil. Em seguida, mais raiva, por ser tão imbecil. Quando ele ficou realmente furioso, um tigre apareceu. Tigres não se importam muito com argumentos razoáveis, mas a ira é algo que eles entendem muito bem.

Talvez você não precise de raiva para este trabalho; você pode fazer suas palavras serem tão simples, cruas e repetitivas quanto quiser; se você sentir o que estiver dizendo, se houver poder e paixão em seu discurso, fome de união e desejo de experiência, as feras ouvirão, e virão.

4. Amplifique seu chamado

Isso pode levar algum tempo, é claro. Então o que você faz? Você amplifica seu chamado. Continue cantando, alto, apaixonadamente. Use seu instrumento e comece a dançar. O truque aqui é ousar ser selvagem. Cante, grite, pisoteie o chão, bata no seu tambor, e continue. Continue chamando. Imagine como o seu chamado se irradia, como ele se desdobra além do universo conhecido. Continue chamando. Fique exausto e seja arrebatado. Esse não é o momento para gestos irresolutos; coloque todo o seu poder nisso, e continue. E continue. Continue a chamar e dançar e fazer barulho até que você se esqueça sobre "sentir-se estranho", até que seu corpo balance, o suor escorra pelo seu rosto e sua mente comece a girar.

O poder e a energia bruta que você liberta atrairá as feras. Logo você se verá em um estrondoso e sincero transe xamânico. Quando você senti-lo, permita que seus olhos se fechem.

5. Continue cantando

Em algum momento você começará a ver feras em sua imaginação. Continue cantando. Algumas serão rápidos vislumbres, outras parecerão mais sólidas. Deixe-me avisar: algumas provavelmente serão frutos de seu otimismo. Como você reconhece a coisa de verdade? Para começar, pensamentos otimistas não serão uma representação completa, pelo menos durante um estado de transe expressivo. Além disso, elas não tocarão emoções fortes. Se você estiver observando uma fera de uma forma intelectual e imparcial, ou perceber que o seu ego pensa pequenos pensamentos cobiçosos sobre propriedade e orgulho, o suposto espírito animal não será real o suficiente. Um verdadeiro animal de poder fará o seu ego guinchar, pois parecerá ser muito mais forte do que a sua mente consciente, e ameaçará tomar o controle. Você não pode controlar uma fera desse tipo: você terá que se entender com ela.

6. Integração

Não basta confrontar este animal; você terá que integrá-lo. Uma vez eu conheci uma senhora que passou por todo o processo. Ela chamou, e teve a sorte de conseguir uma resposta rápida. Em meio às nuvens de incenso, um morcego veio até ela. A forma mais fácil de integrar uma fera é permitir que ela entre em seu corpo, dançando e imitando-a o melhor que você puder. Isso, no entanto, pareceu horrível para ela. O morcego tentava entrar, e ela tentava mantê-lo afastado. Em poucos momentos, a pobre mulher ficou violentamente enjoada, e vomitou. Ela nunca mais ouviu falar do morcego.

Há uma certa diferença entre colecionar espíritos auxiliares e colecionar selos. Não é fácil permitir que um animal de poder venha e assuma o controle. Nosso condicionamento cultural diz que precisamos ficar no controle a todo custo, por mais ilusório e restritivo que este "controle" possa ser. Aqui, nosso condicionamento cultural é uma clara desvantagem. Em outras culturas, como no Voodoo das Índias Ocidentais, a possessão ritual é aprovada, e é considerada um claro serviço à sociedade (desde que se seja "montado" pelo tipo certo de espírito). Além disso, as feras costumam se comportar de maneiras bestiais. Algumas delas podem estar com um humor agradável, mas outras irão te incomodar consideravelmente. Em algumas tradições xamânicas, os espíritos animais apresentam-se devorando o xamã. Mais tarde elas vomitam os ossos e os restos de carniça, e os reorganizam até que o xamã volte à vida. Isso é o que eu chamo de "reconstrução de uma personalidade mais adequada". Esta é uma das formas de renascimento.

Como é representar uma forma animal? Como é quando uma criança finge ser algum animal? Alguns imaginam que a fera entra em seu corpo, que dentro dessa carne humana espreita um animal selvagem. Então o animal começa a se mover, começa a correr e pular, gritar e dançar. Outros constroem uma imagem vívida, vendo-se transformados na fera. Este pode ser um processo, e pode também ser duas imagens sobrepostas, de forma que seja possível ver as duas. Quando essa visão (dissociada) parecer muito atraente (por exemplo, "grande, vívida, clara, colorida, próxima", e tudo mais que lhe anime), traga-a para perto e entre nela (associação total). Qual é a sensação? Agora, construa uma imagem mostrando-se ainda mais possuído por aquela fera. Associe-se com ela. Repita o processo até se sentir satisfeito.

Mais cedo ou mais tarde, a fera moverá você. Este processo pode ser um tanto drástico. Seu ego provavelmente não gostará de ficar "fora do controle", mas como você terá que acreditar nos seus espíritos de qualquer forma, você pode muito bem começar agora. Coordenar fera e humano também não será fácil, e talvez seu corpo fique um pouco abalado por isso. Tente seguir em frente. A senciência humana pode permanecer desperta, desde que você não interfira. A fera cumprirá sua vontade. Você pode observar, mas não se intrometer.

7. Faça um pacto com a fera

Finalmente, pergunta à fera se ela concorda em viver e trabalhar com você. Peça para ela que coopere na grande obra e lhe ajude nas mudanças que virão. Este é um passo essencial. De agora em diante, a fera fará o seu melhor para lhe ajudar a descobrir e realizar a sua verdadeira vontade. Ela lhe ensinará diversas novas atitudes e métodos, novos aspectos do *self* emergirão, e uma nova liberdade de escolha ampliará a sua realidade. Acima de tudo, ela revelará que há muito mais em você do que a personalidade humana que você acredita ser.

8. O tempo depois

Nas semanas seguintes, você deve conceder bastante diversão à fera. Transformação e danças frequentes darão força ao contato e farão o estado de transe mais fácil e mais elegante. Pergunte à fera o que ela gosta de fazer. Descubra sobre seus humores e desejos, sobre suas formas de resolver problemas e, acima de tudo, sobre sua Função, sobre as coisas que ela faz pelo seu ser como um todo.

Isto eu posso lhe dizer: a experiência revelará o resto. Outro aspecto vital é o seguinte: uma fera não é o bastante. O que nós precisamos é de escolha. Embora alguns pretensos xamãs almejem a segurança e se limitem a apenas uma fera, a maioria dos encrenqueiros trabalham com várias. Alguns feiticeiros da selva no Brasil convocam com suas músicas diversas feras para dentro de suas barrigas – cada uma delas com uma forma válida de se ligar ao mundo – e os míticos xamãs europeus, como o Dr. John Doolittle, fizeram o mesmo com resultados incríveis.

Por que se limitar? Se as feras vêm livremente, você pode descobrir quantas você consegue acomodar. É claro, as primeiras semanas de contato podem ser bastante selvagens, e até mesmo opressivas. Você e as suas feras terão que se acostumar uns com os outros, o que quer dizer que partes da sua personalidade serão transformadas. Haverá mais escolhas, mais liberdade para você. O transe de exaustão inicial abriu os portões e proveu energia para o contato. Você não precisará de medidas tão drásticas depois que você e sua fera se tornarem amigos. Logo você descobrirá que quanto menos resistência você oferece, mais fácil é a cooperação. Este não é um caso de pensamento "ou isso ou aquilo", de ser "ou humano ou animal". Entre estes dois extremos, há uma ampla gama de estados de transe possíveis e, frequentemente, agradáveis.

Eu gostaria de acrescentar que os espíritos animais se deleitam no corpo. As feras gostam de se movimentar, de dançar, de comer e foder. Se você quiser fazer um favor às suas feras, faça algo de bom para seu corpo. Quando eu fico intelectual demais, e penso e falo e escrevo demais, as feras me acordam. "Vamos lá", elas dizem, ou gritam, se for preciso, "vamos entrar no bosque".

Eu espero que as suas feras façam o mesmo por você.

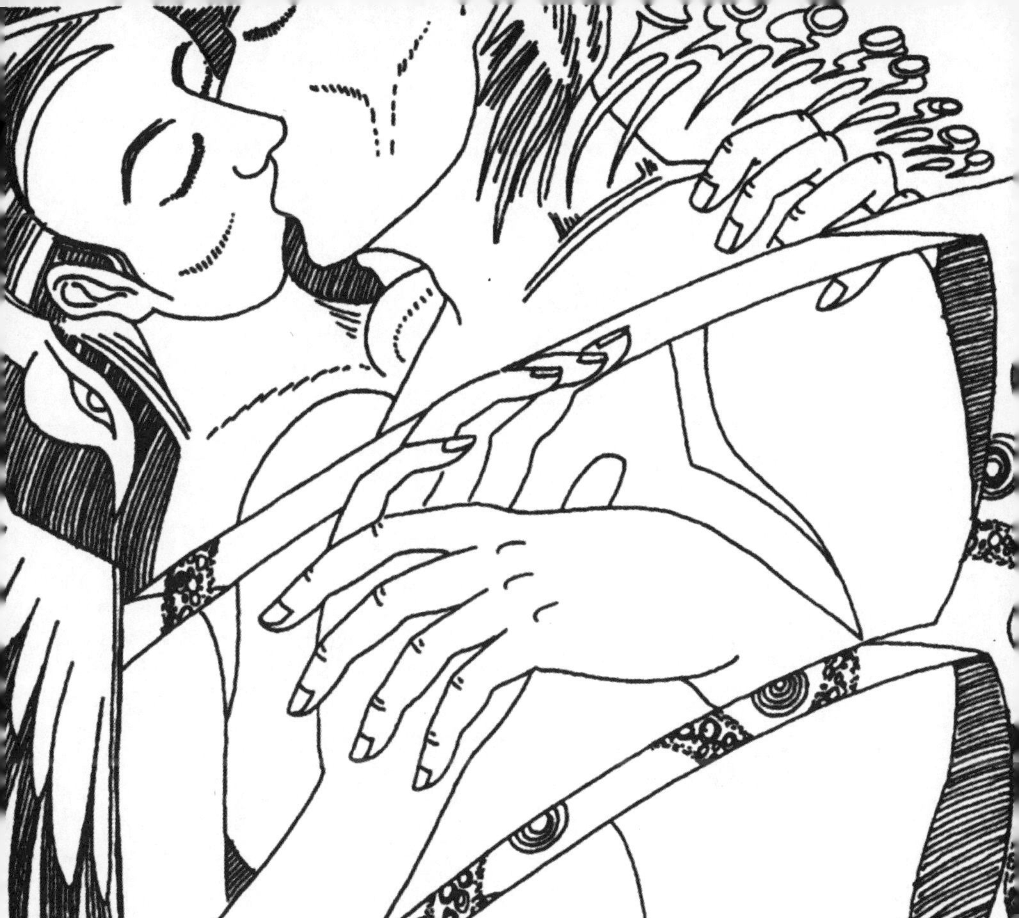

O PRAZER DA UNIÃO

CAPÍTULO ONZE
VINDO PARA A TERRA

Os temas detalhados em *Mágicka Visual* passaram rapidamente dos reinos da "visão" e da "imaginação" para focar em minhas obsessões favoritas, a saber, o elo entre os inomináveis aeons da história antiga, com sua sabedoria das árvores, seu xamanismo único e seu amor pela inspiração direta através dos espíritos, e os aeons indescritíveis que ainda estão por vir, e que se referem simplesmente àquilo que você fará com essas teorias e práticas. Talvez você tenha gostado das técnicas, e as considere úteis para melhorar o tipo de mágicka que é sua vontade fazer. Não importa se você concorda com minhas ideias ou se discorda delas; este livro terá cumprido a sua função se ele lhe der a ousadia de construir métodos únicos de mágicka adequados ao seu próprio desenvolvimento e à evolução da corrente. Um dia, estes novos métodos podem alimentar outros na corrente; e, ao alimentarmos os outros, alimentamos a nós mesmos.

No sistema Maatiano, acredito eu, estamos trabalhando pesado para evitar a formação de uma única tradição. O que Maat exige são múltiplos pontos de vista, que podem, ou melhor, devem ser os mais diferentes possíveis. Em um mundo amplo, cheio de pontos de vista possíveis, nós não precisamos de uma única explicação, e sim de uma interpretação múltipla, assim como precisamos ir além de um único sistema, um único dogma ou um único caminho de realização para satisfazer a todos. A liberdade começa quando reconhecemos que, de certas maneiras, nós compartilhamos o mesmo tipo de estruturas de cérebro/corpo/ambiente, enquanto, por outro lado, cada um de nós é único.

Se você simplesmente imitar aquilo que encontrar nestas páginas, você não estará se fazendo bem algum. Se este livro fizer você me imitar, talvez você adquira algumas habilidades técnicas, e acaba por aí. Se ele lhe permitir descobrir suas próprias interpretações únicas da mágicka visual, talvez algum dia eu me alimente de suas descobertas. Assim a mágicka permanece viva. Isso nos leva a um ponto que é muito importante para mim. O que este livro deu a você? Você aprimorou os seus sentidos, sua imaginação, suas habilidades com sigilos, transe e oração? Você descobriu mais sobre o mundo que criou para você mesmo, e fez dele um lugar melhor para se viver? Você descobriu mais destes aspectos do *self* que normalmente estão escondidos do *self* consciente?

O que fazer com isso?

Como você aterra o seu trabalho, seu prazer, sua inspiração? O que acontece com as suas visões depois que você desfruta delas? Como você expressa aquilo que experimenta? Talvez você se lembre das minhas observações sobre aterrar excessos de energias depois de uma operação. O simples gesto de cair no chão, descarregando o excesso, tem diversos paralelos. Um gesto aterrará energia, outro aterrará inteligência.

Muitos magos e bruxas usam uma metáfora para descrever sua evolução espiritual. Eles dizem que estão "escalando a montanha da iniciação", que deveria ser uma colina com muitos caminhos que levam a um único pico. Seja como for, a metáfora tende a induzir ao erro. No zen-budismo, pergunta-se com seriedade: o que você faz depois que sobe no poste de dez metros? O que você faz depois que escala uma dessas montanhas de iniciações? O que você faz quando a Kundalini chega ao topo, quando a consciência alcança Kether, quando você alcança qualquer que seja a meta que se propôs a alcançar?

O que você faz depois de nove longas noites no alto daquela árvore exposta ao vento? Você não pode ficar lá no alto para sempre!

Então, voltamos. De volta à terra, trazendo o foco do céu em um único tubo oco. Você aprendeu a receber. Você aprenderá a dar?

O que aconteceria com a sua digestão se você se entupisse de comida e, ao mesmo tempo, se recusasse terminantemente a ir ao banheiro de vez em quando? Eu sei que isso pode parecer de mal gosto, mas não chega nem perto de ser tão nojento quanto o que acontece com essas bruxas e magos que ficam se entupindo de mais poder, mais visão, mais prazer, mais conhecimento, mais inspiração, mais segredos, mais títulos extravagantes, mais iluminação, mais graus, mais diplomas, mais sucesso, e mais, mais, mais. Quando alguém está sempre com fome de mais comida, seja ela a visão mais grandiosa, a energia mais forte, a tradição verdadeira, o orgasmo absoluto, o segredo definitivo ou a próxima melhor iniciação, é fácil esquecer de suas obrigações com o mundo. Essas pessoas sofrem de constipação mágica, e como não conseguem deixar o prazer e o deslumbramento saírem de uma forma razoável, são entupidas, inchadas e envenenadas por eles.

As pessoas gostam de dizer que trabalham com essa ou aquela corrente, o que pode ou não ser uma descrição adequada de seus trabalhos. Com frequência, elas implicam território e propriedade com a afirmação. Até onde eu sei, uma corrente não é uma coisa que se possa possuir, ou sobre a qual se possa sentar, mas um estado de movimento e mudança. Uma corrente não é possuída, acumulada e entregue em pequenas porções para os fiéis. Irradiar uma corrente é simplesmente aprender como ficar vazio ou ausente o bastante para que a corrente se manifeste pela totalidade de sua personalidade.

Isso está longe de ser um conselho prático. Lembra como o poder é libertado na terra? O mesmo se aplica a visão, informação, realização e inteligência. Inteligência é aterrada ao comunicá-la, muito frequentemente por meio de arte. Arte pode significar pinturas, palavras, poesia, escrita, escultura, entalhes em madeira, culinária, músicka ou dança, atuação, experiências em grupo, festividades, teatro de rua, e devemos também incluir as formas modernas de arte, como produção de filmes, instalações ou programação de computadores. Todas essas são ferramentas para comunicar nossas experiências aos outros, e vice-versa. Nema disse o seguinte, a respeito de arte e comunicação:

> *Compartilhamento de informação também pode ocorrer através da prática da arte. Uma virtude da arte como uma ferramenta na grande obra é sua habilidade de comover e alterar um público ao escapar dos censores verbais do ego desequilibrado. A arte evoca respostas do observador. Um bom artista sabe exatamente quais respostas quer evocar, em que ordem e/ou combinação; ele ou ela também tem a habilidade de apresentar o estímulo adequado para conseguir isso. Cada meio de arte tem suas forças e fraquezas particulares... não importa qual seja o meio, um sacerdote talentoso pode comunicar o grande fato de nossa unidade sem pregação ou didatismo. A arte mostra mais do que ela conta. Todos os grandes artistas agem como sacerdotes, gostem eles de pensar em si mesmos como sacerdotes ou não.*

A comunhão através da arte começa a funcionar depois que o mago encontra alguma forma de contato com seu Anjo Guardião em Tiphareth e começa a perceber a natureza de sua verdadeira vontade. Isso se expressará através da arte, e a primeira obra de arte do adepto recém-nascido é sempre sua própria personalidade. Ao reconhecermos nossa verdadeira vontade, criamos personalidades para nós mesmos que são capazes de fazê-la. Isso chama-se "ego artificial", uma identidade que é especificamente projetada para fazer coisas específicas.

A identidade que você escolhe viver, a realidade que você escolhe habitar, é a obra de arte mais importante de que você pode se ocupar em sua vida. Viver de acordo com a sua verdadeira vontade demonstra para todo o mundo que fazê-lo é possível e correto. Assim você se torna aquilo que Nema chama de "um talismã vivo para toda a espécie humana". Isso não é tanto uma realização, estando mais para um ato de dedicação. Quando alguém se ama por completo, tudo que essa pessoa é ou tem é colocado à disposição da corrente. E este também não é um ato único. Assim como há um infinito número de abismos nos quais é possível tropeçar, há também um infinito número de personalidades que podem ser descobertas, exploradas e aplicadas para a realização da verdadeira vontade. "A verdade tem mil rostos", diz um velho ditado, "e todos eles são falsos".

Fazer de si mesmo uma "obra de arte" não é o final do processo. Cada identidade que se cria para si mesmo é apenas um passo da jornada. Máscaras são criadas, usadas e jogadas fora, conforme a necessidade. A máscara ou identidade da sua infância torna-se obsoleta com o começo da puberdade. A máscara da puberdade era inútil para o adulto. Enquanto a vida continua, não há máscara final. Um mago cria sua própria identidade continuamente e, ao fazê-lo, prova que a identidade e a realidade podem ser escolhidas e criadas livremente, conforme for adequado ao amor e à vontade de cada passo da dança. É parte do aterramento viver de acordo com a opulência de nossas visões mágicas, e permitir que essas visões internas causem suas transformações do lado de fora.

O elo que cobre a lacuna entre eu e você é a comunicação. Para tocar os outros, aprendemos aquilo que nos toca, e comunicamos o segredo a todos que estiverem dispostos a ouvir. Assim, a comunicação torna-se um sacramento, uma união de inteligência com inteligência. O "filho da união" é um novo estado de consciência.

Se você aprendeu a contemplar visões, por que não aprender a pintá-las? Permita que suas vozes interiores falem para fora. Expresse seus sentimentos internos em dança, postura, gestos, toque e amor. Talvez você possa então expressar aquilo que lhe motiva por dentro e revelar seus segredos mais estimados? Você estará então compartilhando sua mágicka com o mundo.

BIBLIOGRAFIA

Andreas, Connirae & Andreas, Steve. *Change Your Mind and Keep the Change: Advanced NLP Submodalities Interventions*. Real People Press, Moab, 1987.

Bandler, Richard. *Using Your Brain for a Change*. Real People Press, Moab, 1985.

Bandler, Richard & Grinder, John. *Frogs into Princes: Neuro Linguistic Programming*. Real People Press, Moab, 1979.

Bandler, Richard & Grinder, John. *Reframing: Neuro-Linguistic Programming and the Transformation of Meaning*. Real People Press, Moab, 1982.

Bandler, Richard & Grinder, John. *The Structure of Magic, Vol. I: A Book About Language & Therapy*. Science and Behavior Books, Palo Alto, 1975.

Bandler, Richard & Grinder, John. *The Structure of Magic, Vol. II: A Book About Communication and Change*. Science and Behavior Books, Palo Alto, 1976.

Bandler, Richard & Grinder, John. *Trance-Formations: Neuro-Linguistic Programming and the Structure of Hypnosis*. Real People Press, Moab, 1981.

Bardon, Franz. *Der Weg zum wahren Adepten.* Hermann Bauer Verlag, Freiburg, 1956.

Crowley, Aleister. *Book Four*, 2ª ed. Weiser Books, São Francisco, 1997.

Crowley, Aleister. Todas as outras obras.

Custor, Fra. "Sigilography", em *Phoenix Rising*, I (2). Derby, 1982.

Drosdowski, Günther (ed.). *Duden Etymologie: Herkunftsworterbuch Der Deutschen Sprache*, 2ª ed. Duden, Mannheim, 1989.

Erickson, Milton H., Rossi, Ernest L. & Rossi, Sheila I. *Hypnotic Realities: The Induction of Clinical Hypnosis and Forms of Indirect Suggestion.* Irvington Publishers, Nova Iorque, 1976.

Erickson, Milton H. & Zeig, Jeffrey K. (ed.). *A Teaching Seminar With Milton H. Erickson.* Brunner/Mazel, Nova Iorque, 1980.

Fischer, Susanne. *Blätter von Bäumen*, reimpressão. Zweitausendeins, Frankfurt am Main, 1982.

Frazer, Sir James George. *The Golden Bough: A Study in Magic and Religion.* MacMillan, Londres, 1922.

Fries, Jan. *Helrunar.* Mandrake, Oxford, 1993.

Fries, Jan. *Seidways: Shaking, Swaying and Serpent Mysteries.* Mandrake, Oxford, 1996.

Golther, Wolfgang. *Handbuch der germanischen Mythologie,* 3ª ed. Magnus, Kettwig, 1987.

Grant, Kenneth. *Aleister Crowley and the Hidden God.* Frederick Muller, Londres, 1973.

Grant, Kenneth. *Cults of the Shadow.* Frederick Muller, Londres, 1975.

Grant, Kenneth. *Images and Oracles of Austin Osman Spare*. Samuel Weiser, Nova Iorque, 1975.

Grant, Kenneth. *Nightside of Eden*. Frederick Muller, Londres, 1977.

Grant, Kenneth. *The Magical Revival.* Frederick Muller, Londres, 1972.

Gregorius, Gregor A. "Über die magische Praxis der Pentagramm-Magie", em *Blätter für angewandte okkulte Lebenskunst*. Fraternitas Saturni, Berlim, abril de 1963.

Halifax, Joan. *Shamanic Voices: A Survey of Visionary Narratives*. Penguin Books, 1979.

Holdstock, Robert. *Mythago Wood.* Arbor House, 1984.

Holdstock, Robert. *Lavondyss.* Victor Gollancz, 1988.

Martinie, Louis. "Pangenic Occultism", em *Cincinnati Journal of Ceremonial Magick*, 7. Conquering Child Publishing, Cincinnati, 1989.

Martinie, Louis. *Waters Of Return: The Aeonic Flow Of Voudoo.* Black Moon, 1986.

Mathers, Samuel Liddell MacGregor (trad., ed.). *The Book of the Sacred Magic of Abra-Melin the Mage*. 1901.

Mühlbauer, E. "Weisheit aus Sand", em *Esotera: Neue Dimension des Bewußtseins*, 2. Berlim, 1989.

Nadolny, Sten. *Die Entdeckung der Langsamkeit*. Piper, Munique, 1983.

Nema. *The Priesthood*. Black Moon, 1985.

Oppitz, Michael. *Schamanen im Blinden Land: Ein Bilderbuch aus dem Himalaya*. Syndikat, Frankfurt, 1981.

Paracelso. *Die Geheimnisse*. Dieterich, Leipzig, 1941.

Regardie, Israel. *How to Make and Use Talismans*, ed. rev. Sterling Publishing, 1983.

Regardie, Israel. *The complete Golden Dawn System of Magic*. Falcon Press, Phoenix, 1984.

Reich, Wilhelm. *The Functioning of the Orgasm*. Orgone Institute, Nova Iorque, 1942.

Rösing, Ina. *Dreifaltigkeit und Orte der Kraft: Die weisse Heilung : nächtliche Heilungsrituale in den Hochanden Boliviens*. Mundo Ankari, Vol. II. F. Greno, Nördlingen, 1988.

Rossi, Ernest L. *The Psychobiology of Mind-Body Healing: New Concepts of Therapeutic Hypnosis*. W. W. Norton & Company, Nova Iorque, 1986.

Saso, Michael. *The Teachings of Taoist Master Chuang*. Yale University Press, 1978.

Sieg, Hilde. *Baum und Strauch dir ewig heilverbündet*. Rowohlt, Stuttgart, 1939.

Simrock, Karl (trad.). *Die Edda: die* ältere *und jüngere nebst den mythischen Erzählungen der Skalda*. Cotta'sche Verlagsbuchhandlung, Stuttgart, 1876.

Spare, Austin Osman. *The Book of Pleasure*. Publicação do Autor, Londres, 1913.

Spare, Austin Osman. *The Focus of Life*. Morland Press, Londres, 1921.

Spare, Austin Osman. "Automatic Drawing", em *Form: A Quarterly of the Arts*, I (1). John Lane, Londres, abril de 1916.

Springer, Sally P. "Left Brain, Right Brain", em *Scientific American*. 1984.

Observação: Para uma boa demonstração de Kung Fu com "formas animais", assista *Snake in the Eagle's Shadow* (*Se ying diu sal*, lançado em Portugal como *O Grande Combate*), Hong Kong, 1978, estrelando Jackie Chan.

O AUTOR
JAN FRIES

Além de *Mágicka Visual*, o alemão Jan Fries é o autor de clássicos como *Helrunar* e *Seidways*. Um dos mais influentes ocultistas da atualidade, Jan também é músico e artista plástico.

Suas principais influências são as mais diversas: Austin Osman Spare, a Magia de Maat de Soror Nema, Thelema, os sistemas mágicos do norte da Europa, e até Taoísmo. Dessa mistura inusitada, Jan conseguiu (e consegue até hoje) criar métodos e sistemas genuinamente inovadores, nestes tempos em que tudo é uma releitura de alguma outra coisa. Jan é reconhecido como o criador da expressão “xamanismo *freestyle*”, que define de forma sucinta a sua abordagem à magia: primordial, física, prática, dinâmica, intensa, livre de dogmas.

Mágicka Visual foi o primeiro de seus nove livros. Ele hoje vive e trabalha em Frankfurt, na Alemanha.

Penumbra Livros
Fonte: LeMonde Livre
Corpo: 10 x 14 pt
Impressão: Corprint